职业院校新形态通识教育系列教材

应用文写作

Practical Writing

微课版

卢堡生 徐利江 / 主编　周海英 李眉桦 杨霞 / 副主编

人民邮电出版社

北　京

图书在版编目（ＣＩＰ）数据

应用文写作 : 微课版 / 卢堡生，徐利江主编. --
北京 : 人民邮电出版社，2023.8
职业院校新形态通识教育系列教材
ISBN 978-7-115-61677-7

Ⅰ. ①应⋯ Ⅱ. ①卢⋯ ②徐⋯ Ⅲ. ①汉语－应用文
－写作－中等职业学校－教材 Ⅳ. ①H152.3

中国国家版本馆CIP数据核字(2023)第074071号

内 容 提 要

本书根据职业院校学生的学习特点和实际需求编写而成。全书共分为 8 篇，分别为综述篇、公文
篇、宣传篇、法律篇、经济篇、事务篇、礼仪篇和涉外篇。每篇除介绍相关应用文体的基本知识（如
概念、特点、种类等）、写作格式和写作要求外，还提供相应的实际案例并进行评析，使学生能快速掌
握各类应用文体的写作方法。在编写过程中，本书注重理论联系实际，力求深入浅出、通俗易懂。

本书文字简洁，实用性强，可作为职业院校相关专业应用文写作课程的教材，也可作为普通读者
提升应用写作能力的参考书。

◆ 主　　编　卢堡生　徐利江
　　副 主 编　周海英　李眉桦　杨　霞
　　责任编辑　楼雪樵
　　责任印制　王　郁　彭志环
◆ 人民邮电出版社出版发行　　北京市丰台区成寿寺路 11 号
　　邮编　100164　电子邮件　315@ptpress.com.cn
　　网址　https://www.ptpress.com.cn
　　天津翔远印刷有限公司印刷
◆ 开本：787×1092　1/16
　　印张：10.25　　　　　　　　2023 年 8 月第 1 版
　　字数：233 千字　　　　　　 2023 年 8 月天津第 1 次印刷

定价：42.00 元

读者服务热线：(010)81055256　印装质量热线：(010)81055316
反盗版热线：(010)81055315
广告经营许可证：京东市监广登字 20170147 号

应用文的历史源远流长。周朝时期出现了我国最早的一部应用文写作专集——《尚书》；秦汉时期已有文书制度。随着社会的发展，应用文的写作规范也在不断变化，并逐步现代化、专业化、国际化，越来越融入人们的学习和工作。

应用文是能够直接、有效地表述思维、交流思想、传播信息、解决问题、服务社会生活的文体。应用文写作，可以说是文字的最初功用。从古至今，出现了不少应用文写作的大家，如写过不少仿雅颂刻石文的李斯，善长写作疏牍文的贾谊，以写碑志文著称的蔡邕，撰写了脍炙人口的《祭十二郎文》的韩愈，等等。

本书系统介绍了应用文写作的基础知识，内容包括"综述篇——应用文重在应用""公文篇——公文是信息、政策的载体""宣传篇——让世界与我共思共想，让我与世界同长同强""法律篇——规矩成就方圆""经济篇——经济是基础""事务篇——事务管理指南""礼仪篇——遵古循今，知礼有节""涉外篇——与全球同步，与世界接轨"。

党的二十大报告强调："用社会主义核心价值观铸魂育人，完善思想政治工作体系，推进大中小学思想政治教育一体化建设。"思想政治教育是青少年理想信念教育的关键部分，是铸魂育人的重要内容。本书以社会主义核心价值观为统领，融入思想政治教育理念和模块，以润物细无声的方式引导学生，使学生坚定文化自信，厚植爱国主义情怀。

本书各篇的体例及具体栏目设计如下。

★ 开篇寄语：概述本篇的主要内容，激发学生的学习兴趣。

★ 育人目标：引导学生树立正确的价值观，提升人文素养。

★ 应知导航：概括本课需要掌握的知识。

★ 知识探究、写作指南：具体阐述本课的学习要点。

★ 知识链接：补充和深化相关内容，让学生获得更多的相关知识。

★ 知识拓展：展示真实例文，拓展学生的写作视野。

★ 素养提升：弘扬优秀文化，提升学生的民族自信和文化自信。

★ 学以致用：提供课后思考与练习，引导学生通过实践熟练运用所学的
知识。

本书在编写过程中参考了不少资料，在此对其作者表示真诚的感谢。由
于编者水平有限，书中难免存在不妥之处，敬请广大读者批评指正。

编　者

2023 年 3 月

目 录
CONTENTS

法律篇

规矩成就方圆

应用文重在应用

　　学习应用文，重在将它广泛应用于工作、生活中。上传下达、信息交流，生活中处处都需要应用文。写一份通告，做一份会议记录，起草一份企业合同，工作中处处需要应用文写作。学习应用文写作，并学以致用，将使我们受益良多。

　　1. 了解应用文的历史及其丰厚的文化内涵，认识应用文对文明发展的重要性，增强民族自信心。
　　2. 掌握应用文写作的要求和常采用的表达方式，养成认真严谨的写作态度。

第一课　应用文概述

应知导航

　　1. 理解应用文的概念及作用。
　　2. 了解应用文的种类。

知识探究

应用文的概念及作用

一、应用文的概念及作用

1. 概念

　　应用文又称文书，是党政机关、企事业单位、社会团体及人民群众在处理日常公私事务时使用的具有一定格式的实用性文体的统称。

（1）《尚书》作为我国最早的以应用文为主体的散文总集，对后世长期使用的官方应用性文书产生了重要影响。

（2）我国历史上正式提出"应用文"这一概念的人是清代学者刘熙载。他在《艺概》中指出："辞命体，推之即可为一切应用之文。应用文有上行、有平行、有下行。重其辞乃所以重其实也。"这里的"应用文"主要指公文写作，强调语言的准确和内容的真实。

2. 作用

（1）规范和准绳作用。应用文的一个重要组成部分就是公文。党和国家颁布政策、法令、章程及规定时，都采用公文的形式。这些文件对人们的生活起着规范和准绳的作用。

（2）宣传和教育作用。应用文是党和国家宣传路线、方针、政策及法规、意见的重要工具。这些具有宣传教育作用的应用文能帮助人们认清形势，使干部、群众统一思想，提高认识水平，协调行动。

（3）交流和沟通作用。应用文是保持联系、加强交流和沟通的重要手段。下情上知，上情下达，互相协作，都需要应用文。例如，推荐信、感谢信等书信往来可以交流思想感情，增进友好关系；广告能传播商业贸易、文化教育等各类信息；调查报告能深入了解一个地方、一个部门或一个行业的情况或问题。

（4）凭证和档案作用。当人们参与某项事务、承担某项责任时，应用文能起到凭证和依据的作用。一份公文，既是发文机关表达意图的凭证，也是收文机关贯彻执行、开展工作的依据；合同一经签订就成为双方承担责任的凭证，必须严格遵守。各种应用文发挥现行作用后，又可以转化为档案，成为历史资料，供后人查阅。

知识链接

应用文与文学作品的区别如表 1-1 所示。

表 1-1　应用文与文学作品的区别

应用文	文学作品
逻辑思维	形象思维
生活真实	艺术真实
实用价值	艺术价值
格式规约	个性独创
准确平实	生动形象

二、应用文的种类

根据不同的标准，应用文有不同的分类方法。下面简单介绍几种分类方法。

（1）按照作者身份，应用文可以分为以组织名义发出的应用文和以个人名义发出的应用文两类。

（2）按照行文性质，应用文可以分为用于处理公务的应用文和用于处理个人事务的应用文两类。

（3）按照使用范围，应用文可以分为通用类应用文和专用类应用文两类。

为了方便读者从整体上把握应用文的种类，本书综合几种分类方法将应用文分为以下类别，如图 1-1 所示。

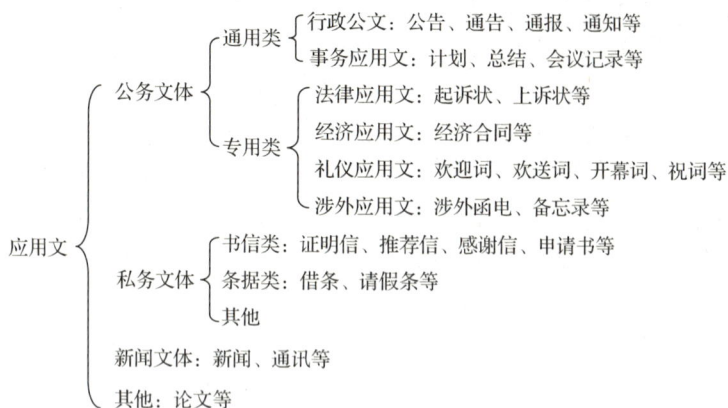

```
              ┌ 通用类 ┌ 行政公文：公告、通告、通报、通知等
              │        └ 事务应用文：计划、总结、会议记录等
     ┌ 公务文体 ┤        ┌ 法律应用文：起诉状、上诉状等
     │        │        │ 经济应用文：经济合同等
     │        └ 专用类 ┤ 礼仪应用文：欢迎词、欢送词、开幕词、祝词等
     │                 └ 涉外应用文：涉外函电、备忘录等
应用文 ┤        ┌ 书信类：证明信、推荐信、感谢信、申请书等
     │ 私务文体 ┤ 条据类：借条、请假条等
     │        └ 其他
     │ 新闻文体：新闻、通讯等
     └ 其他：论文等
```

图 1-1   应用文的种类

注：这里的"事务应用文"主要是指在处理日常公务、管理活动中使用的应用文。

第二课   应用文的写作要求及表达方式

应知导航

1. 明确应用文的写作要求。
2. 掌握应用文的表达方式。

知识探究

一、应用文的写作要求

1. 材料真实、典型

材料是构成应用文的基本要素之一。在搜集的众多材料中，作者必须选择真实、典型、具有代表性的材料。材料必须符合应用文的主旨，不得有失实和浮夸的现象。作者选用的数字资料、文字资料必须准确无误。

2. 观点正确、鲜明

观点是作者对客观事物的看法、认识、判断或评价，它是构成应用文的主要因素。应用文的观点应该是非分明，既要符合事实，也要符合有关方针、政策的基本精神。应用文中提出的措施和办法要从实际出发，具有可行性。

3. 结构严谨、清晰

应用文的结构基本包括层次和段落、过渡和照应、开头和结尾等几个部分。要想写出结构严谨的应用文，就应该从这几个部分入手。

应用文的写作
要求及表达方式

（1）层次清楚、段落分明。应用文的层次是指应用文主旨的表现次序，能体现应用文内容间的逻辑关系。写作应用文一定要弄清楚先讲什么后讲什么，做到层次清楚。段落是写作中在表达主旨时由于转换、强调、间歇等造成的文章停顿，以另起一行空两格为标志。在应用文写作中应该根据不同类别应用文的要求，做到段落分明。

（2）过渡自然、前后照应。过渡是文章层次与层次、段落与段落之间连接、转换的方式，有承上启下的作用。过渡的形式有过渡词语、过渡句、过渡段。常见的过渡词语有"综上所述""总之""因此""会议认为"等；常见的过渡句有"现将有关事项通知如下""今年下半年应做好以下几项工作"等。照应是指文章前后内容上的关照呼应。照应在应用文中最常见的是首尾的呼应、行文与标题的呼应。它能使表述的问题互相补充。

（3）开头和结尾简洁明了。应用文的开头方式不尽相同，但必须做到中心突出，不绕圈子。大多数应用文是开门见山，直接指出文章的主要内容，统领全文。应用文的结尾一般要求简明扼要地收束全篇，不拖泥带水、不画蛇添足。

（4）语言得体。应用文语言的总要求是庄重、平实、概括。语言功夫的核心是选词。选词要考虑所反映的客观实际需要和具体的语言环境，要符合明晰、确切、简练的标准，还要注意文中所涉及的对象和阅读对象。写作应用文时应尽量多用书面语，少用描绘性词语或口语，要特别注意不使用方言土语。

知识链接

应用文中专用词语举例如下。

判定词——是、系、以……论等。

承转词——为此、据此、有鉴于此、综上所述、总之等。

追叙词——经、业经、并经等。

时态词——兹、届时、行将、值此、如期、按期、亟待等。

领叙词——根据、本着、奉、为……特、现……如下、兹介绍、兹定于、关于、为了、遵照等。

告诫词——不得有误、以……为要、引以为戒等。

表态词——应、理应、同意、准予、拟于、缓议、暂缓、可行/不可行、以……为妥/为宜等。

询问词——当否、是否妥当、可否、是否可行、是否同意、意见如何等。

结尾词——此致敬礼、特此报告/公告、谨此、望……执行、自……执行、请予批准等。

二、应用文的表达方式

表达方式是撰写文章时所采用的表述形式与方法。应用文常用的表达方式有叙述、说明和议论。

1. 叙述

叙述是指对人物的经历和事物发展变化的过程做出介绍和交代的表达方式。这是最基本的、使用频率最高的表达方式。在应用文的写作中，叙述应该具备6个要素，即时间、地点、人物、事件、原因、结果。叙述的方式有顺叙、倒叙和夹叙夹议3种。

2. 说明

说明是指用简洁明了的语言把事物的形状、性质、特征、成因、关系、功能等解说和介绍清楚的表达方式。说明的对象可以是具体的事物，也可以是抽象的事理。说明的方式有定义说明、分类说明、举例说明、比较说明、数字说明、引用说明、图表说明等。

3. 议论

议论是指作者对客观事物的评论，是通过剖析事实材料及逻辑推理来阐发道理、表明见解的表达方式。议论包括论点、论据和论证 3 个要素。论证的方式有归纳论证、举例论证、比较论证、引证论证和反证论证等。

总之，叙述、说明和议论是应用文常见的 3 种表达方式，在写作中往往是以一种表达方式为主，同时结合其他表达方式。

素养提升

中国古代应用文

我国应用文写作已有 3000 余年的历史，殷墟出土的甲骨卜辞，商周时期的钟鼎铭文，《周易》中的卦辞、爻辞等，都可以看作应用文的原始形态。

殷墟甲骨文多数是对生活、生产中某些事项的记载，主要内容是占卜记录（占卜的时间、原因、准确性等）。实用文是随着文字的产生而产生的，实用文的诞生结束了人类结绳记事的历史。《尚书》是我国第一部散文总集，也是我国最早的应用文专集。

秦汉时期，应用文文体的分类和格式已基本形成。皇帝"命曰制，令曰诏"，臣子向皇上递交的文书有章、表、奏、议，其作用是"章以谢恩，奏以按劾，表以陈情，议以执异"（刘勰《文心雕龙·章表》），有了上行文和下行文的区别。

魏晋南北朝是应用文理论建立的重要时期。曹丕的《典论·论文》把文章分为四类八种："奏议宜雅，书论宜理，铭诔尚实，诗赋欲丽。"这四类八种多属应用文体。西晋陆机的《文赋》对应用文的特点与写作要求也做了深入阐发。

唐宋以后，应用文写作继续走向繁荣。应用文文体分类更为细密，写作要求更加规范，同时应用文文体研究与写作理论研究进一步发展，产生了一大批应用文总集和理论专集，如明代吴讷的《文章辨体》、徐师曾的《文体明辨》，清代姚鼐的《古文辞类纂》、刘熙载的《艺概》等。应用文写作队伍也更为庞大，除了朝廷应用文多由"学士型"人才撰拟外，各级各部门都有大量书吏、幕僚从事应用文写作。

纵观古代应用文写作，佳作如林。西汉时期邹阳的《狱中上梁王书》、晁错的《论贵粟疏》、司马迁的《报任安书》，三国时期曹操的《让县自明本志令》、诸葛亮的《出师表》、嵇康的《与山巨源绝交书》，西晋时期李密的《陈情表》、张载的《剑阁铭》，唐代韩愈的《祭十二郎文》、刘禹锡的《陋室铭》、魏征的《谏太宗十思疏》，宋代欧阳修的《答吴充秀才书》、王安石的《答司马谏议书》、李清照的《金石录后序》、文天祥《指南录后序》，明代宗臣的《报刘一丈书》，清代林觉民的《与妻书》等，都是古代应用文的精品。

问题：

分组探讨古代应用文的价值及其现实意义。

学以致用

1. 什么是应用文？
2. 应用文一般有哪些作用？
3. 应用文写作的结构要求有哪些？
4. 请你谈谈应用文写作与其他文学体裁在表达方式上的不同。

公文是信息、政策的载体

公文是一种特殊的以办理公务为主的文书，是党政机关及社会组织记录和传递信息的重要载体，也是国家管理政务及企事业单位履行职能的必要工具。公文不仅具有规范性，而且具有强制性和约束力，在其所确定的范围内，人人都必须遵照执行。

1. 掌握公文的写作方法，做到能写会用，塑造职业形象，提高职业素养。
2. 根据不同公文的特点，培养实事求是的精神。

第一课 公文概述

1. 了解公文的概念、特点及种类。
2. 掌握公文的格式。

公文概述

一、公文的概念及作用

1. 概念

公文有广义和狭义之分。从广义上讲，公文是指党政机关、社会团体、企事业单位在进行公务活动时所使用的体式完整、内容系统的各种书面材料。从狭义上讲，公文主要是指国家行政机关在行政管理过程中形成的具有法定效力和规范体式的文书，是依法行政和进行公务活动的重要工具。本篇主要学习行政公文的写法。

2．作用

（1）规范和指导作用。公文中有相当一部分是法律、规定、条例和办法，具有法定效力，能规范行为、指导行动。

（2）宣传和教育作用。公文承担着宣传、贯彻国家方针和政策的使命，具有教育群众、统一思想、统一行动的功能。

（3）交流和沟通作用。公文能使国家的各项方针和政策在上下级机关、平行机关间传递。通过沟通与交流，各部门相互配合，步调一致。

（4）凭证和依据作用。公文是办理公务的凭证和依据。离开了行政公文，各级机关就难以开展正常有序的工作。

二、公文的特点

1．法定的权威性

法定的权威性主要表现在两个方面：一是具有法定的作者，即制成者和发布者均是依法成立、合法存在的，是依法行使职能权利和履行义务的机关及其领导人，以领导者的名义发文时必须在个人名字前冠以机关的名称与领导职务；二是具有法定的效用，制发公文是行使法定职权的行为，因此对于受文对象来说，公文具有法定的权威和效用，必须遵照执行。

2．明确的政策性

明确的政策性是由行政公文的政治内容决定的。党政机关的行政管理活动，如发布行政法规、宣布重大强制性行政措施、传达国家的方针政策等，都具有明确的政策性。

3．严格的时效性

公文的效用具有时间性，也就是所说的时效。公文必须及时下发或上达，迅速地解决公务活动中的实际问题。超过一定时间，公文就失去了解决现实问题的效用。因此，行政公文在某一特定时间发挥作用，不具备永久的效用。

4．程式的规范性

程式是编制和办理公文的一系列方法、程序与格式。行政公文具有不同于一般文章的规范的程式。2012 年 4 月 16 日，中共中央办公厅、国务院办公厅联合印发的《党政机关公文处理工作条例》，对公文种类、公文格式、行文规则、公文拟制、公文办理和公文管理进行了明确的规定，要求各单位遵照执行。

三、公文的种类

公文有多种分类方法，如表 2-1 所示。

表 2-1　公文的种类

分类标准	具体的种类
适用范围	决议、决定、命令（令）、公报、公告、通告、意见、通知、通报、报告、请示、批复、议案、函、纪要
行文方向	上行文、平行文、下行文
紧急程度	特急公文、加急公文
保密等级	绝密公文、机密公文、秘密公文

四、公文的格式

公文的格式分为版头、主体、版记三部分。

1. 版头

公文首页红色分隔线以上的部分称为版头。版头约占版面的1/3，包括份号、密级和保密期限、紧急程度、发文机关标志、发文字号、签发人等要素。

版头中各要素的含义及格式要求如表2-2所示。

表2-2　版头中各要素的含义及格式要求

要素	含义	格式要求
份号	公文印制份数的顺序号	涉密公文应当标注份号。标注时一般用6位三号阿拉伯数字，顶格编排在版心左上角第1行
密级和保密期限	公文的秘密等级和保密的期限	涉密公文应当根据涉密程度分别标注"绝密""机密""秘密"和保密期限。标注时一般用三号黑体字，顶格编排在版心左上角第2行。保密期限中的数字用阿拉伯数字标注。如需同时标注密级和保密期限，则应用"★"将两者隔开
紧急程度	公文送达和办理的时限要求	根据紧急程度，紧急公文应当分别标注"特急""加急"；电报应当分别标注"特提""特急""加急""平急"。标注时一般用三号黑体字，顶格编排在版心左上角
发文机关标志	由发文机关全称或者规范化简称和"文件"组成，也可以使用发文机关全称或者规范化简称。联合行文时，发文机关标志可以并用联合发文机关名称，也可以单独用主办机关名称	发文机关标志居中排布，上边缘至版心上边缘为35毫米，推荐使用小标宋体字，颜色为红色，以醒目、美观、庄重为原则。联合行文时，如需同时标注联署发文机关名称，一般应当将主办机关名称排列在前；如有"文件"，应当将其置于发文机关名称右侧，以联合发文机关名称为准上下居中排布
发文字号	由发文机关代字、年份、发文顺序号组成。联合行文时，使用主办机关的发文字号	编排在发文机关标志下空两行位置，居中排布。年份、发文顺序号用阿拉伯数字标注；年份应标全称，用六角括号"〔〕"括入；发文顺序号不加"第"字，不编虚位（即1不编为01），要在阿拉伯数字后加"号"字。上行文的发文字号左空一字编排，与最后一个签发人姓名处在同一行
签发人	由"签发人"三字加全角冒号和签发人姓名组成	上行文应当标注签发人，右空一字，编排在发文机关标志下空两行位置。"签发人"用三号仿宋体字，签发人姓名用三号楷体字。如有多个签发人，签发人姓名按照发文机关的排列顺序从左到右、自上而下依次均匀编排，一般每行排两个姓名，回行时与上一行第一个签发人姓名对齐
版头中的分隔线	版头与主体的分隔线	发文字号之下4毫米处居中印一条与版心等宽的红色分隔线

注：如需同时标注份号、密级和保密期限、紧急程度，则应按照份号、密级和保密期限、紧急程度的顺序自上而下分行排列。

2. 主体

公文首页红色分隔线（不含）以下至公文末页首条分隔线（不含）以上的部分为主体。主体包括标题、主送机关、正文、附件说明、发文机关署名、成文日期、印章、附注、附件等要素。

主体中各要素的含义及格式要求如表 2-3 所示。

表 2-3　主体中各要素的含义及格式要求

要素	含义	格式要求
标题	由发文机关名称、事由和文种组成	一般用二号小标宋体字，编排于红色分隔线下空两行位置，分一行或多行居中排布；回行时，要做到词意完整，排列对称，长短适宜，间距恰当，标题排列应当使用梯形或菱形
主送机关	公文的主要受理机关，应当使用机关全称、规范化简称或者同类型机关统称	一般用三号仿宋体字编排于标题下空一行位置，居左顶格；有多个主送机关的，一般用顿号隔开各机关名称；回行时仍顶格，在最后一个机关名称后标全角冒号。当主送机关名称过多，导致公文首页不能显示正文时，应将主送机关名称移至版记
正文	公文的主体，用来表述公文的内容	公文首页必须显示正文。正文一般用三号仿宋体字，编排于主送机关名称下一行，每个自然段左空二字，回行顶格。文中结构层次序数依次可以用"一、""（一）""1.""（1）"标注；一般第一层用黑体字、第二层用楷体字、第三层和第四层用仿宋体字标注；文中数字、年份书写时不能回行
附件说明	为了说明公文带有附件；作为正文内容的组成部分，具有与正文一样的效力	在正文下空一行左空二字编排"附件"，后标全角冒号和附件名称。如有多个附件，则需使用阿拉伯数字标注附件顺序号（如"附件：1.××××"），附件名称后不加标点符号。附件名称较长需回行时，应当与上一行附件名称的首字对齐
发文机关署名	应用发文机关全称或者规范化简称	标注位置以加盖印章的公文、不加盖印章的公文和加盖签发人签名章的公文而定
成文日期	会议通过或者发文机关负责人签发的日期。联合行文时，应为最后签发机关负责人签发的日期	一般右空四字编排。用阿拉伯数字将年、月、日标全，年份应标全称，月、日不编虚位
印章	公文中有发文机关署名的，应当加盖发文机关印章，并与署名机关相符。有特定发文机关标志的普发性公文和电报可以不加盖印章	对于单一机关制发的公文，印章应端正、清晰，且居中下压发文机关署名和成文日期，使印章下边缘与成文日期下边缘相切，印章上边缘距正文或附件说明的距离在一行之内。联合行文时，每排最多排三个印章，同时要确保印章与印章互不相切或相交，印章和署名的纵向中心线重合

要素	含义	格式要求
附注	公文印发传达范围等需要说明的事项	左空二字加圆括号编排在成文日期下一行
附件	公文正文的说明、补充或者参考资料	附件应当另面编排。"附件"及附件顺序号用三号黑体字顶格编排在版心左上角第一行。附件标题居中编排在版心第三行。附件顺序号和附件标题应当与附件说明的表述一致。附件格式要求同正文。附件与正文不能一起装订，应当在附件左上角第一行顶格编排公文的发文字号并在其后标注"附件"及附件顺序号

3. 版记

公文末页首条分隔线（含）以下，末条分隔线（含）以上的部分称为版记，包括抄送机关、印发机关和印发日期等要素。

版记中各要素的含义及格式要求如表 2-4 所示。

表 2-4　版记中各要素的含义及格式要求

要素	含义	格式要求
抄送机关	除主送机关外，需要执行或者知晓公文内容的其他机关	标注抄送机关时应当使用机关全称、规范化简称或者同类型机关统称，一般用四号仿宋体字，在印发机关和印发日期之上一行、左右各空一字编排。在"抄送"后标全角冒号和抄送机关名称，回行时与冒号后的首字对齐，最后一个抄送机关名称后标句号
印发机关和印发日期	公文的送印机关和送印日期	一般用四号仿宋体字编排在末条分隔线之上，印发机关左空一字，印发日期右空一字，用阿拉伯数字将年、月、日标全，年份应标全称，月、日不编虚位，后加"印发"
版记中的分隔线	首条分隔线位于版记中第一个要素之上，末条分隔线与公文最后一面的版心下边缘重合	与版心等宽，首条分隔线和末条分隔线用粗线（推荐高度为 0.35 毫米），中间的分隔线用细线（推荐高度为 0.25 毫米）

公文的版式如图 2-1 所示。

000006

机密★1年

特急

××××××× 文件

×××〔2021〕22 号

××× 关于 ×××××× 的通知

×××××××：(主送机关名称)

正文

附件：1. ××××××××××

　　　2. ×××××××××××

××××××（发文机关名称）

2021 年 ×× 月 ×× 日

抄送：×××××，××××××，××××××，××××××，×××××××
×××，×××××××，××××××××××。(抄送机关)

×××××（印发机关）　　　　　2023 年 ×× 月 ×× 日印发

—××（页码）—

注：①版心虚线框仅为示意，在印制公文时并不印出；实线框为纸边。
　　②有关页码的具体规定可参考《党政机关公文格式》(GB/T 9704—2012)。

图 2-1　公文的版式

第二课　决定和意见

应知导航

1. 了解决定、意见的概念及种类。
2. 掌握决定、意见的写法。

知识探究

一、决定

1. 概念

决定是指国家行政机关对重要事项做出决策和部署，奖惩有关单位及人员，变更或者撤销下级机关不适当的决定事项时使用的公文。决定是一种具有指导性、严肃性、针对性、强制性和稳定性的下行文。

2. 种类

决定可分为指挥性决定和知照性决定。指挥性决定用来对某些事项进行决策或做出规定性安排，要求受文对象严格贯彻执行。知照性决定只起告知作用，让下级机关了解情况。

二、意见

1. 概念

意见是对重要问题提出见解和处理办法时使用的公文。意见的行文关系多样，可以是上行文、平行文，也可以是下行文；作用多样，既可以用来指导下级机关开展工作，也可以对上级机关起到建议参考作用，还可以用于平级和不相隶属机关之间提出参考性意见；效力灵活，下行文可带指示性，但不是强制规定，上行文、平行文则不具有约束力。

2. 种类

意见可分为建议性意见、征询性意见和工作性意见三类。

（1）建议性意见用于向上级机关提出建议。

（2）征询性意见主要作为平行文，提出的意见供对方参考。

（3）工作性意见用于向下级机关布置、安排工作，提出工作措施和要求。

写作指南

决定、意见的写法大体相似，一般都由标题和正文两部分组成。

一、标题

决定、意见一般采用完全式标题，由发文机关、事由、文种组成。会议通过的决定要标明是由什么会议通过的。

二、正文

决定、意见的正文包括开头、主体和结尾。开头写明发文背景、缘由，可以是决定的依据、意见的目的等。主体写明具体事项，内容较多时要分层次，逐条逐项具体说明。结尾可根据决定、意见的不同种类灵活处理。

知识拓展

【示例一】决定

国务院关于修改和废止部分行政法规的决定

为深化"证照分离"改革，进一步推进"放管服"改革，激发市场主体发展活力，维护国家法制统一、尊严和权威，国务院对"证照分离"改革涉及的行政法规，以及与民法典规定和原则不一致的行政法规进行了清理。同时，做好与《信访工作条例》出台的衔接。为此，国务院决定：

一、对14部行政法规的部分条款予以修改。（附件1）

二、对6部行政法规予以废止。（附件2）

本决定自2022年5月1日起施行。

附件：1. 国务院决定修改的行政法规

2. 国务院决定废止的行政法规

评析

这则决定目的明确，简明扼要。首段写明缘由，继而引出主要事项，并以附件的形式对修改和废止的行政法规进行具体说明。

【示例二】意见

关于促进社会组织提质增效的实施意见

各市、县（市、区）民政局、党委组织部、发展改革委（局）、经信局、财政局、人力社保局、市场监管局、医保局、税务局、人民银行：

为进一步贯彻落实省委、省政府关于促进社会组织高质量发展和加快推进城乡社区现代化建设的决策部署，健全完善"提质增效、充满活力"的社会组织发展体系，推动社会组织发展从"多不多""快不快"向"稳不稳""好不好"提升，经研究，提出如下意见。

一、强化党建统领

（一）压实党建工作责任。严格落实社会组织党建工作"六同步"要求，切实把好成立登记、章程核准、年检年报、专项抽查、等级评估、教育培训等关口，持续推进党的组织和党的工作有效覆盖。坚持政治标准，加大社会组织发展党员力度，支持党组织负责人担任社会组织负责人，推动党员管理层人员和党组织班子成员双向进入、交叉任职。制定社会组织党建工作指引，扎实推进党组织标准化规范化建设，民政部门把社会组织党建工作列入条线考核，进一步压实业务主管单位、行业管理部门和属地的党建工作责任。

（二）建设清廉社会组织。落实省委关于清廉社会组织建设的决策部署。以"强党建、抓规范、促廉洁"为主线，将清廉建设纳入社会组织党建工作统一部署，有机融入成立登记、章程核准、年检年报、专项抽查、等级评估、执法监督和教育培训等环节，强化各环节之间的结果联动和运用。严格社会组织主要负责人等"关键少数"清廉准入，研究制定社会组织负责人和党组织负责人资格审查办法。建立健全社会组织内部纠纷解决和风险防范化解机制，推动社会组织更有效地实现自我管理、自我约束、自我监督、自我提升。

二、深化扶持政策

（三）完善社会组织购买服务机制。落实财政部、民政部关于通过政府购买服务支持社会组织培育发展的指导意见，扩大政府向社会组织购买服务的范围和规模，畅通和优化社会组织承接政府购买服务项目的渠道和途径，适宜由社会组织承接的服务项目，在同等条件下优先向获得3A及以上评估等级的社会组织购买。有关部门应当按规定程序及时将新增公共服务需求纳入政府购买服务指导性目录并加强管理。社会组织承接政府购买服务的收入用于开展服务所需的人力成本等支出。

（四）强化金融信贷税费资产支持。鼓励金融机构加大对符合条件的社会组织信贷支持力度。对受疫情影响出现运营困难的社会组织，金融机构可按照市场化原则给予延期还本付息支持。面向中小微企业的税费优惠政策，社会组织如符合条件，应当参照享受。充分发挥公益仓的公益慈善功能，符合条件的社会组织可申请捐助。

（五）建立褒奖扶持机制。建立健全社会组织奖励机制，对荣获"全国先进社会组织""浙江省品牌社会组织"称号等的社会组织，省级财政给予政策支持和资金奖补，促进社会组织高质量发展。

三、强化人才支持

（六）落实社保医保缓缴政策。延续实施阶段性降低失业保险费率政策，执行期限至2023年4月30日。符合条件的社会组织可申请缓缴养老、失业、工伤三项社会保险费单位缴费部分至2022年年底。自2022年7月起，对社会团体、基金会、社会服务机构等社会组织缓缴3个月职工医保单位缴费，缓缴期间免收滞纳金，全面推行"免申即享"经办模式，符合条件的社会组织无须提出缓缴申请即可享受缓缴单位缴费政策。

（七）落实吸纳就业补贴。对招用毕业年度高校毕业生并签订1年以上劳动合同的社会组织，参照中小微企业按每人不超过1500元的标准，给予一次性吸纳就业补贴，政策实施期限截至2022年12月31日。

（八）落实专业技术职务评聘政策。社会组织工作人员取得社会工作师、高级社会工作师职业资格证书的，单位可根据工作需要聘任相应中、高级专业技术职务。支持社会组织从业人员参加职业技能培训，按规定给予职业培训补贴。支持将省级社会组织领军人物和省级社会工作领军人才纳入人才工作体系和专业技术人才培育工程，按照相关标准享受人才优惠政策待遇。

（九）建立负责人轮训制度。加大社会组织领域基础型、成长型、专业型课程的培训力度，有效提升社会组织负责人的业务水平和工作能力。各级财政给予必要的培训经费支持。

四、降低运营支出

（十）发挥枢纽型平台功能。各类社会组织孵化基地（园区）和党群服务中心等枢纽型平台，应积极支持社会组织发展，对办公、活动等场地有临时需求的公益服务类社会组织，在条件允许情况下，应当酌情免费提供场地支持。对法定住所设在枢纽型平台的社会组织，视为有固定的住所、有必要的场所及场所使用权。鼓励资助型基金会根据自身条件，设立支持帮助其他社会组织成长发展的项目。

（十一）减轻财务审计负担。非法律法规明确规定的，各部门不得要求社会组织自费审计并提交审计报告。办理法定代表人变更登记、注销清算等审计事项，经社会组织申请，由其登记管理机关审核同意后负责审计并承担相应审计费用。

（十二）推行免费线上公告。依托浙里办"电子公告声明"等统一的线上公告服务应用，向社会组织提供债权债务以及证书、印章、票据损毁遗失等事项的免费公告服务（对公告载体有法律法规规定的，从其规定）。

五、优化服务管理

（十三）简化资格认定程序。推动落实非营利组织免税资格与社会组织法人资格同步开展认定，探索慈善组织自成立登记或认定时起，其公益性捐赠税前扣除资格同步开展认定。加大社会组织票据电子化推广力度，方便社会组织申领使用。

（十四）优化服务管理制度。各部门应按业务主管或行业管理的归口关系切实履行职责，加强与所属社会组织的联系指导，优化和提升服务管理质效。因疫情影响未复工复岗无法按时缴纳缓缴税款的社会组织，各主管机关应当按规定免除相应的滞纳金，不予行政处罚。社会组织承接的公益创投项目执行受疫情影响较大的，经批准可采取延期完成、更换对象、变更内容等方式进行调整。各部门制定或延续相关优惠政策时，应明确符合条件的社会组织同等享受。

本实施意见自发布之日起施行。

浙江省民政厅（盖章）　中共浙江省委组织部（盖章）
浙江省发展和改革委员会（盖章）　浙江省经济和信息化厅（盖章）
浙江省财政厅（盖章）　浙江省人力资源和社会保障厅（盖章）
浙江省市场监督管理局（盖章）　浙江省医疗保障局（盖章）
国家税务总局浙江省税务局（盖章）　中国人民银行杭州中心支行（盖章）
2022 年 11 月 17 日

评　析

本意见在正文开头部分写明缘由，并通过"提出如下意见"过渡到主体部分。意见主体部分采用条款式，内容明确。

第三课　公告和通告

应知导航

1. 了解公告、通告的概念及特点。
2. 掌握公告、通告的写作格式及写作要求。

知识探究

一、公告、通告的概念及区别

1. 概念

公告是向国内外宣布重要事项或者法定事项时使用的公文。

通告是在一定范围内公布应当遵守或者周知的事项时使用的公文。

2. 公告与通告的区别

（1）发布单位不同。公告因内容涉及需要向国内外宣布的重要事项或者法定事项，一般由国家权力机关、国家行政机关或其授权机关发布，具有庄重性和严肃性的特点；而通告可以由机关、社会团体、企事业单位在自己的职权范围内发布，具有一定的强制性和约束力。

（2）发布对象范围不同。公告的对象范围广泛，面向国内外人士；而通告的对象范围是国内各有关方面和人员。

（3）发布形式不同。公告一般由新闻媒体发布；通告可以由新闻媒体发布，也可以使用张贴这一形式发布。

二、公告、通告的特点

公告和通告都是告知性公文，两者具有共同的特点。一是公开性，公告和通告都是公开发布的，都具有让尽可能多的人知道的目的性；二是知照性，公告和通告的内容都具有一定的重要性，发布目的有的是让公众知道发生了什么事，有的不仅是让公众知道一些事情，还要求有关人员遵守与此有关的某些规定。

写作指南

一、写作格式

1. 公告的写作格式

公告一般由标题、发文字号、正文和落款四部分组成。

（1）标题。标题的写法有三种：第一种是完全式标题，即写明发文机关、事由和文种，如"国务院关于坚决制止冲击铁路确保铁路运输安全畅通的公告"；第二种是写明发文机关和文种，省去发文事由，如"中华人民共和国全国人民代表大会公告"；第三种是只写明文种，但是一定要在落款处注明发文机关。

（2）发文字号。公告的发文字号有的使用流水号，如"第1号""第21号"，即表示所发公告的顺序号；有的则不用发文字号。

（3）正文。正文是公告的主体和核心部分，其写法视内容而定。一般的写法是首先写明制发公告的根据、理由或目的，说明为什么要制发这个公告；其次写明宣布的重要事项是什么，包括时间、地点、人物、主要情节、结果、立场、态度等；结尾可写"特此公告""现予公告"。

（4）落款。落款在正文右下方，写明制发公告的机关名称和日期。如果在标题中已经写明制发公告的机关名称，落款时可以略去。

2. 通告的写作格式

通告一般由标题、正文和落款三部分组成。

（1）标题。标题有三种写法：①由发文机关、事由和文种三部分组成，如"××省人民政府关于全面整顿交通运输秩序的通告"；②由发文机关和文种组成，如"中华人民共和国公安部通告"；③由事由和文种组成，如"××市市容和环境卫生管理的通告"。紧急事情，可在文种前加"紧急"。

（2）正文。正文一般由缘由、事项和结语三部分组成。

① 缘由：简要说明发通告的依据、原因、目的。依据有法律政策依据和理论事实依据两种。很多通告会用"特通告如下"或"现就××问题，通告如下"引出通告的事项。

② 事项：通告事项内容简单的，可采用篇段合一的结构；通告事项内容较复杂的，常采用分条列项的方法，逐层阐明。

③ 结语：常需要告知通告施行的时间，多用"特此通告"或"本通告自发布之日实施"作为结语。

（3）落款。通告正文后应标记发文机关名称和日期。

二、写作要求

1. 公告的写作要求

（1）行文简要。公告的内容应简洁明了，概括主要事项，不需要对公告的意义或事情的经过进行过多阐述。

（2）用语得体。公告讲究用词准确、严谨，庄重而得体，表达清晰，条理性强。

2. 通告的写作要求

（1）目的明确。这是写好通告的基础。告知什么、为何告知都应写清道明，便于理解。

（2）行文清晰。通告行文要层次分明，事项明确，以便理解。

知识拓展

【示例一】公告

文化和旅游部关于公布国家级文化生态保护区名单的公告

文旅非遗发〔2023〕10号

根据《国家级文化生态保护区管理办法》（文化和旅游部令第1号），我部组织开展了国家级文化生态保护实验区建设成果验收工作。经材料审核、实地暗访、专家评审和社会公示等程序，现将通过验收的国家级文化生态保护实验区正式公布为国家级文化生态保护区，名单如下：

黔东南民族文化生态保护区

客家文化（梅州）生态保护区

大理文化生态保护区

陕北文化生态保护区（陕西省榆林市）

晋中文化生态保护区（山西省晋中市）

特此公告。

文化和旅游部（盖章）

2023 年 1 月 28 日

评析

本公告行文简要，目的明确。公告标题由发文机关、事由、文种组成。正文先说明发文缘由，继而引出国家级文化生态保护区名单，最后以惯用的"特此公告"结尾。落款注明制发公告的机关名称和日期。

【示例二】通告

关于通州区张采路施工期间采取临时交通管理措施的通告

为保证东六环路（京哈高速—潞苑北大街）改造工程第 1 标段（第四期）施工期间的道路交通安全与畅通，根据道路交通安全法律法规有关规定，决定 2022 年 11 月 1 日至 2023 年 10 月 31 日，通州区张采路（张采路与大高力庄路相交路口至张采路与太玉园北路相交路口）禁止机动车、非机动车及行人通行，过往车辆及行人可绕行张采路导行路、京津公路、张台路等周边道路通行。

请社会单位和广大市民给予理解支持，自觉遵照执行。

特此通告。

北京市公安局公安交通管理局（盖章）

2022 年 10 月 6 日

评析

本通告用语得体，行文清晰。通告标题由事由、文种组成。本通告首先用简练的语言写明发文缘由和依据，接着在"决定"后详尽地写明了具体事项，最后以惯用的"特此通告"结尾。落款注明制发通告的机关名称和日期。

第四课　通报

应知导航

1. 了解通报的概念、作用及特点。
2. 掌握通报的写作格式及写作要求。

知识探究

一、通报的概念和作用

通报是党政机关、社会团体、企事业单位将工作情况、经验教训及各种典型事例告知有关单位和人员时使用的文种，其作用是将有关情况告知所属单位，以增加工作的透明度，使各单位相互协调，做好工作。通报适用于表彰先进、批评错误、传达重要精神或者告知重要情况。按其内容，通报可以分为表彰性通报、批评性通报和情况通报。

二、通报和通知的区别

（1）通报用于教育、启迪、提醒或交流情况，一般没有必须遵守、执行的要求；通知用来使受文对象知晓相关事项并按要求执行。

（2）通报要叙议结合，既有对具体事实的叙述，也有对事实的分析评价；通知一般用概述性语言叙述、说明，较少或不进行议论。

（3）通报是事后行文，通知是事前行文。通报发送范围广泛，一般情况下直接下达给范围内的各级各类工作人员。

三、通报的特点

1. 典型性

无论是表彰好人好事，还是批评坏人坏事，通报都是有一定影响力的，具有一定的代表性，在一定范围内起着教育干部和群众的作用。

2. 真实性

通报的内容要求真实、确凿，不能弄虚作假。通报要用事实和数据说话，切忌空泛议论。

3. 导向性

无论是表彰先进，还是批评错误，抑或是通报情况，通报都有很强的指导作用和教育意义。

写作指南

通报的写作指南

一、通报的写作格式

通报由标题、主送机关、正文和落款四部分组成。

（1）标题。标题由发文机关、事由和文种组成。有时可以省略发文机关名称。通报的发文字号为完全式发文字号。

（2）主送机关。通报的主送机关一般为直属下级机关或需要了解该内容的不相隶属的单位。标题之下顶格写主送机关的全称或规范化简称，有时会省略主送机关。

（3）正文。正文包括主要事实、对事实进行评析、针对事实做出的决定或提出的要求等内容。

主要事实：概述事实发生的时间、地点、单位或个人、经过、结果。事实要有一定的代表性和典型性。文字表述要抓住主要内容，做到简明扼要、清楚明白、准确无误。

事实评析：对通报的事实进行恰如其分的议论分析，指出事实的性质和产生的原因，阐明通报的意图。表彰先进时，通报要指出先进事迹的精神实质、意义和影响；批评错误时，通报要分析其性质、原因和危害性；传达重要精神或情况时，通报要全面和辩证。

决定和要求：针对通报的事实，做出表彰决定或对错误者的处分（处理）决定，并由此引申出应当汲取的经验或教训，有的放矢地提出希望与要求。文字表述要简略、概括，针对性强。

（4）落款。落款即标注在末尾处的发文机关名称和成文日期。落款处也可省略发文机关名称，成文日期也可标注于标题之下。

二、通报的写作要求

（1）事实要真实、典型。通报所反映的情况必须真实，不能夸大或缩小，以免因失实而产生不良影响。材料要充分说明问题，具有典型意义。

（2）评析、奖罚要客观公正。对事实的分析评价要有一定的高度，但要掌握分寸，不能随意拔高，这样才能收到良好的教育效果。

（3）表达方式要叙议结合。通报的写作既有对事实的叙述，也有对事实的评析。对事情的叙述要清楚，对事情的评析要入情入理，使受文对象容易接受。

知识拓展

【示例一】表彰性通报

××市中小学生第一届足球节表彰通报

各区县教育（教体）局、局属各学校：

为进一步贯彻落实学校教育"健康第一"的指导思想，推动全市中小学足球运动的开展，全面普及中小学足球运动，并通过足球带动全市学校各项体育活动的开展，丰富校园文化生活，增强广大青少年学生的身体素质，培养学生良好的意志品质，促进学生全面发展，提高学生足球运动的竞技水平，市教育局、市体育局于7月20—25日在××学校举办了××市中小学生第一届足球节。本次比赛分高中男子组、高中女子组、初中男子组、初中女子组、小学男子组、小学女子组6个组别，以及正脚背颠球、脚内侧连续踢球、多部位点球、运球绕杆往返、场地对抗5个比赛项目，全市578名中小学生参加了比赛。为表彰先进，推动我市学校体育教育工作的进一步开展，决定对本次比赛获奖单位进行通报表彰。具体名单如下。

各区县团体总分前三名：×××××、×××××、×××××、××××××
突出贡献奖：××××××
体育道德风尚奖：××××××
技能比赛团体前三名：×××××、×××××、×××××
技能比赛个人前三名：×××、×××、×××
场地对抗赛前三名代表队：××××、××××、××××

希望受表彰的单位戒骄戒躁，再接再厉，不断取得好成绩。同时希望各单位、各学校着眼于全面实施素质教育，结合贯彻落实全市学校体卫艺教育工作会议精神，科学合理地制定学校体育教育发展规划，进一步提高学校对体育工作的认识，切实加强学校体育教学、群体活动和课余训练工作，为国家培养更多更好的优秀体育后备人才，促进全市教育、体育事业的改革与发展。

××市教育局办公室（盖章）

××××年××月××日

评 析

这是一份表彰性通报，标题采用不完全式，省略发文机关。首段写明通报缘由，并简单总结主要事实，然后针对事实宣布表彰决定。结尾提出希望。落款处为制发通报的机关名称和日期。

注意：表彰性通报的正文一般分为三个层次——对先进人物（单位）的先进事迹的介绍要具体简明；对先进事迹的评议，既要充分肯定，也要把握好分寸；发出号召或提出希望。

【示例二】批评性通报

关于对财务中心×××违反公司着装规定的错误行为予以批评的通报

公司各部门：

今年3月27日下午，总经理办公室在执行日常检查过程中发现财务中心×××未着工作服上衣，违反了公司着装规定。28日上午，总经理办公室人员向财务中心发检查通报后，接收人×××当即出言不逊、态度蛮横，并粗暴无礼地将通报甩到一边，全然不顾其言行的影响和后果。

×××的行为严重违反了公司员工的行为准则，对部门形象、办公秩序及公司相关工作的开展造成了不良影响，同时反映出其本人缺乏应有的纪律意识。

为了严肃纪律，维护公司形象，现就×××的错误行为做出如下处理决定：对×××予以通报批评，扣发一个月奖金，并要求×××向总经理办公室相关人员当面致歉。

希望公司各部门员工引以为戒，更加严格地要求自己，提高遵守公司规章制度的自觉性，在今后的工作中踏踏实实、勤奋工作，推动公司各项工作再上新台阶。

×××××股份有限公司（盖章）

××××年××月××日

评 析

这是一份批评性通报，采用"事由＋文种"的不完全式标题。正文首段概述了通报的原因，并简单陈述了主要事实；第二段指出了错误的性质、问题的严重性和危害性；第三段写明了处理决定；末段针对此事提出了希望和要求。

注意：批评性通报的主体包括四个方面的内容，即错误事实、根源和教训、处理决定、希望和要求。批评性通报要实事求是地反映事实真相，不能夸大或缩小，一些重要环节一定要交代清楚。在对错误进行分析时，要准确并中肯地指出错误的原因，点明危害，恰如其分地提出处理决定，并通过对错误的处理，希望大家汲取教训，引以为戒。

【示例三】情况通报

关于××××年"优质服务部门"评比情况的通报

学校各部门：

××××年我校继续深入开展"优质服务部门"评比活动，推出了形式多样、内容丰富、主题深刻的系列活动。最近，学校党委扩大会议肯定了开展"优质服务部门"评比活动的成效，认为通过评比活动，我校职业道德教育取得了实质性的进展。为了使各部门对今年的服务工作有较具体的认识，我们对评比的得分进行了分类统计，整理出"评分比较表"（见附件）。现将有关情况通报如下。

我们先将"优质服务部门"评比工作组对每个部门 20 个项目的每一项评分分别计出，然后从中找出每个部门和自身相比，哪几项评分较高（分数用蓝色表示），哪几项评分较低（分数用红色表示），再将这些分数列入"评分比较表"，表示各部门的强项和弱项。

从"评分比较表"所列内容可以看出，我校的服务工作现状是"上下好、中间差"，即道德教育和环境仪态这两个方面较好（蓝色分数占多数），而服务质量和管理机制这两个方面较差（红色分数占多数）。这说明开展活动后，教职员工的思想认识和服务质量虽然有不同程度的提高，但是离学校的要求还是有很大的差距，需要大家继续做出更大的努力。

其中，有八个部门存在明显薄弱的项目。这些项目集中在以下三个方面：办事不够公开、公平、快捷，服务设施不够完善；机制不适宜，措施不得力；管理欠科学。

这些问题的存在有多种原因，今后要继续采取有效措施，有针对性地改进我们的工作。按照学校党委"要把评分分析反馈给各部门，找出原因，加以改进"的要求，各部门在明年的"优质服务部门"评比活动中应继续发扬优点，有针对性地加强薄弱的方面，下大力气把服务工作抓实、抓出成效，争取更大的成绩。

附件：评分比较表

××学校"优质服务部门"评比工作组（盖章）

××××年××月××日

评　析

本通报用语得体、行文清晰。首段对活动做了概述并写明缘由，接着用"现将有关情况通报如下"引出具体事项。具体事项由第二、三、四段组成，包括评分方法、反映的情况、存在的问题。末段针对存在的问题提出了希望和要求。

注意：情况通报的内容较为复杂，一般由缘由、概述情况和提出要求三部分组成。情况通报应根据实际对具体情况做出概括介绍和分析，肯定好的方面，找出存在的问题，同时对工作提出指导性意见，并对受文对象提出希望和要求。

第五课　通知

应知导航

1. 了解通知的概念、作用及种类。
2. 掌握通知的写作格式及写作要求。

知识探究

一、通知的概念和作用

通知是指用于传达党和国家的方针政策、发布规章、布置工作的公文。根据《党政机关公文处理工作条例》的规定，通知"适用于发布、传达要求下级机关执行和有关单位周知或执行的事项，批转、转发公文"。大到党政机关，小到基层企事业单位，都可以发布通知。通知具有适用范围广、知照性强、时效性强等特点。

二、通知和通告的区别

1. 适用范围不同

通知的适用范围广，除公布和传达某些事项外，还有多种用途，如批转通知、转发通知等；通告只用来发布应当遵守或周知的事项。

2. 受文对象不同

通知有明确的受文对象，写作中须标明主送机关；通告的受文对象不确定、不具体，也不标明主送对象。

三、通知的种类

根据性质和作用，通知可以分为以下六类。

（1）指示性通知：用于上级机关向下级机关发布指示、安排工作。内容要求明确、有条理，如《国务院办公厅关于做好优化营商环境改革举措复制推广借鉴工作的通知》。

（2）发布性通知：用于颁布行政规章或印发有关文件、资料，如《国务院办公厅关于印发降低社会保险费率综合方案的通知》。

（3）批转性通知：用于上级机关批转下级机关的公文给所属人员，以便让其周知或执行，如《国务院批转公安部关于推进小城镇户籍管理制度改革意见的通知》。

（4）转发性通知：用于将上级机关和不相隶属机关的公文转至本机关和下属各单位，使其知晓或遵照执行，如《××省教育厅转发教育部办公厅关于印发2022年中小学教学用书目录的通知》。

（5）周知性通知：用于告知所属单位或其他有关单位必须了解的信息，在行政工作中使用较为广泛，如《国务院办公厅关于成立国家科技领导小组的通知》。

（6）会议通知：用于上级机关对下级机关、组织对成员或平行机关之间部署工作、传达事情或召开会议等，如《关于召开××××年高考工作会议的通知》。

写作指南

通知的写作格式

一、通知的写作格式

通知一般由标题、发文字号、主送机关、正文、结尾和落款六部分组成。

（1）标题。标题一般由"发文机关＋事由＋文种"组成，也可以省略发文机关名称。根据通知的不同性质，标题应分别注明"批转""转发""发布"等字样。批转性通知和转发性通知的标题要体现出所批转或转发的文件名称，但不一定使用书名号。

（2）发文字号。通知的发文字号为完全式发文字号。

（3）主送机关。主送机关即受文机关的全称或规范化简称，标题之下顶格写，必须指定此通知的承办、执行和应当知晓的主要受文机关。这些机关一般为直属下级机关或需要了解通知内容的不相隶属的单位。

（4）正文。另起一行，空两格写。不同类型的通知，正文格式也不完全相同。

① 批转、发布性通知。正文包括两部分：一是批语或印发语，二是批转或印发的规章或文件。批语一般比较简单，只需说明批转或印发的文件和贯彻要求，如"现将《关于……的规定》印发（或批转、转发）给你们，请认真贯彻执行"。有的通知比较复杂，需要对有关规章的实施进行具体说明，或者阐述清楚该文件的意义、重要性及领导机关的意见、工作指示等。

② 指示性通知。正文一般由缘由、事项两部分组成。缘由是发文的目的和根据。事项部分是主体，要把具体内容分条列项地阐述清楚，不能含糊。

③ 周知性通知。正文由缘由和通知事项两部分组成。缘由直接陈述根据或原委，不必如指示性通知那样进行说理分析，因此更为简要；通知事项只讲"怎么办"，直截了当，充分显示其关照、告知的作用，不提出执行要求。

④ 会议通知。会议通知内容较为固定，一般包括会议目的、会议名称、会议内容（或主题）、召开时间、召开地点、参加对象、需要准备的材料，以及报到的时间、地点等具体事项。会议通知的内容必须写得清楚明白，写作时要考虑周全，让有关人员知道该做什么、怎么做。

（5）结尾。发布性通知、周知性通知、会议通知一般用"特此通知"作为结尾。指示性通知、批转性通知、转发性通知的结尾应根据需要写明发文人的希望和要求，如"以上通知，请认真贯彻执行""请各有关地区和部门按上述通知贯彻执行""请认真参照执行"。

（6）落款。落款包括在通知末尾处右下角签署的发文机关名称、注明的发文时间、加盖的公章。若是联合通知，主办机关名称应放在最前面，其他机关依次排列，并分别加盖公章。

二、通知的写作要求

（1）注意规范使用不同种类的通知。标题应根据内容注明通知的种类。例如，批转性通知不能写成转发性通知，发布性通知不能写成批转性通知。

（2）拟好公文的标题。标题要根据通知的事项撰写，做到意义表达准确。

（3）条理清楚，内容严肃。通知应明白无误地提出工作任务和要求，交代应该知晓和办理的事项，切忌泛泛而谈、含混不清。

（4）行文要及时。通知具有时效性，所以行文要迅速及时。

知识拓展

【示例一】指示性通知

国务院办公厅关于 2023 年部分节假日安排的通知

国办发明电〔2022〕16 号

各省、自治区、直辖市人民政府，国务院各部委、各直属机构：

经国务院批准，现将 2023 年元旦、春节、清明节、劳动节、端午节、中秋节和国庆节放假调休日期的具体安排通知如下。

一、元旦：2022 年 12 月 31 日至 2023 年 1 月 2 日放假调休，共 3 天。

二、春节：1 月 21 日至 27 日放假调休，共 7 天。1 月 28 日（星期六）、1 月 29 日（星期日）上班。

三、清明节:4月5日放假,共1天。

四、劳动节:4月29日至5月3日放假调休,共5天。4月23日(星期日)、5月6日(星期六)上班。

五、端午节:6月22日至24日放假调休,共3天。6月25日(星期日)上班。

六、中秋节、国庆节:9月29日至10月6日放假调休,共8天。10月7日(星期六)、10月8日(星期日)上班。

节假日期间,各地区、各部门要妥善安排好值班和安全、保卫、疫情防控等工作,遇有重大突发事件,要按规定及时报告并妥善处置,确保人民群众祥和平安度过节日假期。

国务院办公厅(盖章)
2022年12月8日

评 析

这是一则指示性通知,将2023年节假日放假时间明确列出,内容清楚、明确。

【示例二】批转性通知

关于批转《共青团××××职业学院委员会××××年工作安排》的通知

院属各党支部:

经院党委研究,同意《共青团××××职业学院委员会××××年工作安排》,现批转给你们,请认真组织实施。

特此通知。

中国共产党××××职业学院委员会(盖章)
××××年××月××日

评 析

本通知标题注明"批转"字样,表明是一个批转下级机关的工作安排的通知。标题省略发文机关,采用不完全式。正文写明批转的文件名称。结尾采用惯用语。

【示例三】会议通知

××学校关于召开招生工作会议的通知

校办发〔2022〕20号

所属各单位:

为了把今年我校的招生工作做得更好,进一步贯彻和执行中央、省招生工作会议精神,经研究决定召开招生工作会议,现将有关事项通知如下。

一、会议内容:介绍和分析近年来我校的招生情况,着重讨论和分析今年的招生情况和招生工作安排等事宜。

二、参加人员:各系部主管学生工作的副主任,以及校学生工作办公室的全体人员。

三、会议时间和地点:定于6月18日8:00,在行政楼302会议室准时召开,议程一天。

××学校学生工作办公室(盖章)
2022年6月17日

这是一则会议通知。正文首段注明了会议目的并引出了具体事项。该通知行文简要，目的明确。

第六课　报告、请示和批复

应知导航

1. 了解报告、请示、批复的概念、特点及种类。
2. 掌握报告、请示、批复的写作格式及写作要求。

知识探究

一、报告

1. 概念

报告属于上行文，是向上级机关汇报工作、反映情况、提出意见和建议、回复上级机关的询问时所使用的公文。报告的作用是让上级机关了解本单位的工作情况，为上级机关制定政策、指导工作提供依据。

2. 特点

（1）行文的单向性。报告用于下级机关向上级机关汇报工作、反映情况、答复询问，不要求上级批复，属于单向行文。

（2）表达的叙述性。报告是陈述性公文，以叙述和说明为主要表达方式，不需要描写、抒情，也不需要发表议论。

3. 种类

根据不同的内容和用途，报告可分为以下四种。

（1）工作报告。它是用于下级机关向上级机关汇报工作的报告。工作报告的主要内容包括工作方面的成绩、存在的问题、有哪些教训、今后有什么打算等。正文结尾常用"特此报告，请审阅""特此报告"等习惯用语。

（2）情况报告。它是用于反映突发事件或重大问题的报告。写作时要写明事件发生的时间、地点、起因、经过、结果等，以及对责任的分析、处理意见、应吸取的教训等。

（3）回复报告。它是下级机关针对上级机关提出的问题或询问做出回答的报告。这种报告是被动行文，必须实事求是地回答问题，不能避而不答或答非所问。

（4）建议报告。它是下级机关主动向上级机关提出建议，请上级机关批转有关方面执行的一种上行文。

二、请示

1. 概念

请示是请求性上行文，是下级机关请求上级机关给出决断、指示、批准、支持并明确答复时使用的公文。下级机关对于自身无法解决、无权决定或无力办理的事项，需要请示上级机关。

2. 特点

（1）事前性。请示必须是事前行文。

（2）回复性。写请示的直接目的是得到上级机关的批复，因此受文的上级机关必须对下级机关请示的事项给予回复。

（3）单一性。请示的内容必须是一事一请，而且是属于本单位范围内无权或难以处理的问题或事项。就一份请示提出几个请求事项，不利于正常工作的开展。

3. 种类

根据不同的内容，请示可以分为以下四类。

（1）请求指示类。它是指下级机关在工作中遇到重大、疑难问题或出现新情况时，请求上级机关给予处理该问题或情况的指示的文种。

（2）请求批准类。它是指下级机关在办理某一事项时遇到某些困难或问题，自己无权决定和处理时，请求上级机关批准的文种。

（3）请求帮助类。它是指下级机关在处理应办的事项时，遇到人力、物力、财力上的困难，请求上级机关帮助解决的文种。

（4）请求批转类。它是指下级机关处理的重大事项超出本机关职权范围，需要其他地区、部门、单位贯彻执行，进而请求上级机关批转的文种。

三、批复

1. 概念

批复是下行文，是上级机关答复下级机关的请示事项时使用的公文。

2. 特点

（1）权威性。批复代表着上级机关的权力和意志，特别是那些关于重要事项或问题的批复，常常具有明显的法规作用。

（2）针对性。批复必须是针对下级机关请示事项而发的，针对性强。

（3）鲜明性。批复主要用于批准或不批准、同意或不同意下级机关做什么和怎么做。批复应态度明确，旗帜鲜明。

（4）指示性。批复的目的是指导下级机关开展工作，因此批复在表明态度后，还应概括说明方针、政策及执行中的注意事项。

3. 种类

根据不同的内容、性质，批复可以分为以下两类。

（1）指示性批复。它主要是针对方针、政策性问题进行答复。这一类批复包括两种情况：一是对请示机关提出请示事项的答复；二是在同意下级机关请示事项的基础上，对请示事项的落实、执行等给出指示性意见。

（2）表态性批复。它是对请示事项表示同意或不同意的批复。

四、报告、请示的区别

报告与请示虽然都属于上行文，但在使用时有严格区别，不能混为一谈。它们的主要区别如下。

1. 报告

（1）报告重在呈报，用于向上级机关汇报工作、反映情况，为其提供信息。

（2）报告一般在事后行文，有时也可在工作中行文。

（3）报告一般不需要答复。

（4）报告内容复杂，一文可以涉及数件事项，结构上不强求一律。

2. 请示

（1）请示重在呈请，用于向上级机关请求指示、批准、帮助，为上级机关提供批复的依据。

（2）请示必须在事前行文，请示的事项必须经上级机关批复后才能处理实施。

（3）对于请示，上级机关要以批复的形式答复。

（4）请示内容单一，一文一事。

写作指南

一、报告的写作格式及写作要求

1. 写作格式

报告一般由标题、主送机关、正文和落款四部分组成。

（1）标题。报告的标题有两种拟法：一是完全式标题，即"发文机关＋事由＋文种"，如"××学校教务处关于 2022 年度教学工作情况的报告"；二是不完全式标题，即"事由＋文种"，如"关于 2022 年上半年工作情况的报告"。有些专用报告的标题通常不用"关于"，如"政府工作报告"。

（2）主送机关。主送机关要求写明上级机关的全称或规范化简称。主送机关只能有一个，其他机关以抄送形式处理。

（3）正文。报告的正文由开头、主体、结尾三部分组成。

① 开头：概括说明写报告的缘由，也可以简单介绍报告的背景或依据。这部分的末尾习惯用"报告如下"等词语过渡。

② 主体：这部分是报告的核心。主体要详细叙述有关情况，包括取得的成绩、存在的问题、应吸取的教训，以及今后的打算等。叙述要重点突出，要以数据和材料说话。

③ 结尾：以习惯用语作为结语，如"以上报告，如无不妥，请批转执行""以上报告请审阅""以上报告妥否"。这里要注意的是，报告不要求上级批复，所以结语不宜出现"请批示"的字眼。

（4）落款。与其他公文相同。

2. 写作要求

（1）重点突出。报告要抓住主要问题，做到中心明确、重点突出，切忌面面俱到。

（2）条理清楚。报告以叙述事实为主，在讲事实、摆情况时要注意内在的联系，要有一定的逻辑顺序，不能杂乱无章。

二、请示的写作格式及写作要求

1. 写作格式

请示由标题、主送机关、正文和落款四部分组成。

（1）标题。请示的标题和报告的一样，有两种写法：一是"发文机关＋事由＋文种"；二是"事由＋文种"。

（2）主送机关。和报告一样，请示的主送机关只有一个，即直接的上级主管机关。

（3）正文。请示的正文由开头、具体事项、结语三部分组成。

① 开头：说明写请示的缘由，是上级机关批复的主要依据，用语要简明，说理要充分，要有理有据。

② 具体事项：请示的事项要具体、明确。说理要充分，提出的要求要合理，具有可操作性。

③ 结语：一般用"以上请示，当否（妥否），请批复（批示）"作为结语。

（4）落款。与其他公文相同。

2. 写作要求

（1）一事一请。请示内容单一，必须一事一请。

（2）不可越级。请示应当逐级行文，不可越级。如果有特殊情况必须越级，应将请示同时抄送所越过的上级机关。

（3）不可多头请示。按照"谁主管就向谁请示"的原则，不可同时请示两个或多个上级机关。受双重领导的机关向上请示时也要根据具体情况主送一个上级机关，抄送另一个上级机关。

（4）语气要谦虚恭敬。写请示事项时，只能写"拟"怎么办，不能写"决定"怎么办。

三、批复的写作格式及写作要求

1. 写作格式

批复一般都很短小、简明，由标题、主送机关、正文和落款四部分组成。

（1）标题。批复一般用"发文机关＋事由＋文种"的完全式标题。其中，发文机关名称要规范，不能随意略写或简化，简化机关名称要与其他文件中的提法一致。批复的事由有两种写法：一种是用介词"关于"加上批复的事项，如"××教育厅关于增拨教育经费的批复"；另一种是在"关于"和批复事项前再加上表态词"同意"等，如"××教育厅关于同意增拨教育经费的批复"。

（2）主送机关。批复的主送机关和请示一样，只能有一个，而且要与请示的发文机关名称一致。

（3）正文。批复的正文有比较固定的结构，一般由引语、意见、结语三部分组成。

① 引语：开头引述下级机关来文的标题、发文字号或发文日期作为批复的缘由和依据，如"你厅《关于长沙医学院变更举办者的请示》（湘教〔2019〕60号）收悉"。

② 意见：这是批复的主体，一般包括批复表态和批复说明两部分。是批准还是不批准，是同意还是不同意，都要确切写明。批复说明，即说明表态理由，或者在表态的基础上强

调其意义，提出希望和要求。

③结语：一般以"特此批复"或"此复"作为结语。现在也有很多批复不写结语。

（4）落款。落款包括发文机关和成文日期。

2. 写作要求

（1）批复要有针对性，要弄清请示的事项，答复要全面。

（2）批复意见要具体明确。

（3）批复要及时，以免耽误工作。

（4）批复篇幅要短小，一般无须做具体分析。

知识拓展

【示例一】报告

××省商务厅关于××市百货大楼
重大火灾事故的报告

商务部：

  ××××年2月20日9:40，我省××市百货大楼发生重大火灾事故，市消防队出动15辆消防车，经4个小时的扑救，火灾才被扑灭。由于开业不久，顾客不多，加之疏散及时，幸而未造成人员伤亡。但这次火灾已造成直接经济损失792万元。

  经查，此次火灾是因电焊工×××违章作业（在一楼电焊铁窗架时，电火花溅到易燃货品上）引起的。另外，市商务局领导对上级领导机关和公安消防部门的安全防火指示执行不力，百货大楼安全制度不落实，也是造成火灾的原因之一。

  火灾发生后，省人民政府召开了紧急防火电话会议，指出了××市百货大楼发生火灾的严重性，批评了××市不重视安全工作的错误倾向。我厅×××副厅长带领有关人员赶到现场处理。市商务局领导在市委、市政府领导下，组织力量对财产进行清理。百货大楼职工在总结教训的基础上，在街道路口增设摊点，以缓和市场供应。公安机关对事故责任者×××已拘留审查。市委、市政府在分清责任的基础上，对有关人员视情节轻重进行了严肃处理：给予专管安全工作的百货大楼党委副书记、副总经理×××撤销党内外职务、开除党籍、开除公职的处分，并交司法部门依法处理；撤销×××百货大楼党委书记和市商务局党组成员、市百货大楼总经理职务。

  这一次火灾事故是我省商务系统历史上一次重大安全事故，损失严重，影响很坏，教训深刻。问题虽然发生在××市，但也暴露了我省商务系统在安全工作上还存在不少问题，有的地区安全制度不落实，检查不认真，隐患整改不力，缺乏有针对性的防火措施。我们平时深入了解不够，检查督促不严，因此，我们也有一定责任。为了汲取教训，防止类似事故发生，已根据我省实际，多次用电报、电传、电话、简报通知各地以引起各地的注意，并定于4月20日召开全省商务系统安全工作会议，制定下一步安全工作方案，切实把我省商务系统安全工作抓紧、抓好。

  特此报告。

××省商务厅（盖章）

××××年4月15日

　　这则情况报告采用完全式标题。正文第一段概述了所报告事项的主要内容；第二段写明了事故发生的原因和责任分析；第三段详述了处理的经过和意见；第四段指出应吸取的教训，并提出希望；第五段为惯用语。该报告重点突出，条理清楚。

【示例二】请示

××省地质勘测大队关于购置冷藏箱的请示

省地质矿产局：

　　我们地质勘测大队共有×个常年在偏远山区进行野外作业的作业队，其饮食原料储藏问题急需解决。由于没有冷藏箱，这些作业队采购的食品只能靠汽车频繁运输。每年一到作业季节，我队平均每天需出动×名采购人员、×辆采购汽车，消耗汽油×吨，费用巨大；而且即使如此频繁采购，仍满足不了供应，食物腐烂变质的情况仍不可避免。这不仅严重损害了野外作业人员的身体健康，而且给城乡交通增加了负担，造成交通事故隐患。近两年，因食用变质食物而生病的野外作业人员有×名，因频繁采购导致的交通事故有×起。

　　因此，我们准备从明年起，开始为野外作业队购置一批冷藏箱，每台冷藏箱的购置款为×元。考虑到一次解决款项太大，我们打算根据各队需要的缓急程度分批购置冷藏箱，明年拟购置×台，需资金×元。现在我队有余款×元，用在此事方面正好合乎规定，但尚缺×元。请局里拨款×元。

　　以上请示妥否，请审核批复。

××省地质勘测大队（盖章）

××××年××月××日

　　这是请求批准类请示，重点突出，条理清楚。正文首段写明缘由，言辞恳切，理由充分；第二段写明请示的具体事项，考虑周全，具体明确；最后用惯用语结束全文。

【示例三】批复

文化和旅游厅关于同意××××有限公司设立

为经营性互联网文化单位的批复

××区文化和旅游局：

　　你局《关于要求将××××有限公司设立为经营性互联网文化单位的请示》（区文旅发〔2023〕4号）收悉。

　　经研究，同意××××有限公司从事互联网文化经营活动，核发"网络文化经营许可证"。

　　此复。

××市文化和旅游厅（盖章）

2023年3月9日

这则批复采用完全式标题。引语部分引述原文作为批复依据。批复事项仅一句话且加入了表态动词"同意"，表明态度，简洁明确。结语部分使用"此复"惯用语。

第七课 函

应知导航

1. 了解函的概念、特点及种类。
2. 掌握函的写作格式及写作要求。

知识探究

一、函的概念

函属于典型的平行文，用于平行或不相隶属的机关之间。《党政机关公文处理工作条例》对函的规定："适用于不相隶属机关之间商洽工作、询问和答复问题、请求批准和答复审批事项。"

二、函的特点

（1）适用范围广。只要是不相隶属关系的单位，平级党政机关之间，政府及其部门与同级的军事机关、群众团体及其部门之间，均可用函，不受系统、部门、行业、地域的限制。

（2）行文方向灵活。函适用于各类公务活动，一般不受级别高低的制约，行文方向灵活，内容繁简、事情大小均不受限制。

三、函的种类

函具有多种分类方法，不同种类的函的特征如表 2-5 所示。

表 2-5 函的种类及其特征

分类标准	种类	特征
行文方向	致函	主动发出的函
	复函	对致函的答复
适用范围	商洽函	用于商量洽谈有关事务
	询问函	用于向有关单位查询、了解问题
	请求函	用于向没有上下级关系的有关主管部门请求帮助以解决有关问题
	告知函	用于向有关单位告知某些情况或事项
	答复函	被动行文以答复询问函或请求函等主动来函的复函

写作指南

一、函的写作格式

函由标题、主送机关、正文和落款四部分组成。

（1）标题。函的标题由发文机关、事由、文种组成，有的函可以省略发文机关。复函的标题通常在"函"前加上"复"字，如"关于××市注册会计师执业资格考试收费有关问题的复函"。

（2）主送机关。主送机关即受文并办理来函事项的机关单位，其写法与其他公文一致。

（3）正文。函的正文由缘由、事项和结语三部分组成。

① 缘由：写明发函的原因或目的。复函要引述对方来函的标题、发文字号，以示慎重。

② 事项：主要写商洽什么事、解决什么问题、了解什么情况、答复什么问题。这是函的主体。答复函应做出针对性的答复，需要表态的，要态度明确。

③ 结语：函的结语较多，常用的有"特此函商""专此函洽""敬请函批"等。在复函中常用"特此函复""特此函告""此复"等。

（4）落款。落款包括发文机关和成文日期。

二、函的写作要求

（1）一函一事。为了便于对方单位及时处理，函的行文不应一函多事。

（2）行文简洁。函要开门见山，直陈其事。

（3）用语得体。因为函多在不相隶属关系的单位中使用，所以互相之间发函必须有礼、得体、平和，相互尊重。

知识拓展

【示例一】请求函

关于请求代培统计人员的函

××省×××市统计局：

得知你市将于今年暑期举办统计人员培训班系统培训统计人员。省政府《关于加强统计工作的决定》下达以后，我局曾打算集训我市统计人员，但由于力量不足，未能办成。现在你市决定举办培训班，我局拟派10名统计员（市直2名，每县1名）随班学习，请你们代培。代培所需费用由我局如数拨付。

敬请函批。

××省××市统计局（盖章）

××××年××月××日

评　析

这则请求函的正文首先写明发文缘由，继而陈述向主管部门请求批准的事项，行文简洁，言辞恳切，最后用惯用语结束全文。

【示例二】答复函

××省公务员局关于批准录用×××等××名同志
为国家公务员的复函

××省公安厅：

你厅 2022 年 5 月 10 日《关于拟录用 2022 届大学毕业生的函》（公安政〔2022〕18 号）收悉。

根据中共××省委组织部、××省公务员局《关于部分省级机关从 2022 年应届高校毕业生中录用国家公务员的通知》规定，经考试、考核合格，批准录用×××等××名同志为国家公务员。

特此函复。

附件：录用人员名单

××省公务员局（盖章）

2022 年××月××日

评　析

这份答复函引述来函的标题、发文字号作为复函的背景、依据，依据明确。该函行文内容前后呼应，简明扼要。

第八课　纪要

应知导航

1. 了解纪要的概念及特点。
2. 掌握纪要的写作格式及写作要求。

知识探究

一、纪要的概念

纪要是记载会议主要情况和议定事项的公文。它的行文方向比较灵活，可以是上行文、下行文和平行文。它是根据会议记录、会议文件材料、会议活动情况等进行综合加工整理后形成的，比原始记录更加精练、集中。纪要具有情况通报、执行依据等作用，主要有情况性纪要和议决性纪要两种。

二、纪要的特点

（1）纪要性。纪要是对会议中重大的、值得重视的事项、议题、意见的记载。

（2）指导性。纪要主要向与会单位及其下属机关传达、贯彻会议精神，具有一定的约束力和指导作用。

（3）知照性。纪要还可以发送给有关单位，用于沟通情况，使对方知晓相关事项。

写作指南

一、纪要的写作格式

纪要由标题、成文日期和正文三部分组成。

（1）标题。纪要标题的写法较灵活，具体写法有如下几种。

①"会议主办单位＋会议名称＋文种"，如"××大学人文学院思想政治工作会议纪要"。

②"会议名称＋文种"，如"全国商标工作会议纪要"。

③"会议内容＋文种"，如"关于研究今年农产品收购资金问题的会议纪要"。

④正副标题，正标题揭示会议主题，副标题写明会议内容和文种，如"对比反映差距，差距说明潜力——郑州市六个棉纺织厂厂长座谈会纪要"。

⑤以会议地点代替会议名称，如"北戴河会议纪要"。

（2）成文日期。以会议的日期为成文日期写在标题的正下方，用圆括号括入。

（3）正文。纪要的正文一般由会议的基本情况、主要内容和结尾三部分组成。

①会议的基本情况。会议的基本情况可以采用概述式或分项式介绍会议的召开目的、指导思想、宗旨、议题、时间、地点、主持人、与会人员，以及对会议成果的评价。

②会议的主要内容。这是纪要的主体，介绍会议的主要情况、议定的事项、提出的任务与要求等。如果会议规模大，涉及的内容多，要分段分层次表述。首段习惯使用"会议认为""会议强调""会议指出"等。

③会议的结尾。会议的结尾提出希望、要求，发出号召。有的纪要不写结尾。

二、纪要的写作要求

（1）突出主旨、抓住"要"字。纪要要把握会议的本质，对主要精神、有价值的观点或意见进行报道。

（2）概括全面，如实反映。纪要要对会议的情况进行全面完整的综合概括，同时要真实准确，不能歪曲别人的原意。

（3）条理清晰。正文要适当地分条、分层次反映会议的基本情况、主要内容，做到条理清晰、主次分明，以便人们更好地把握会议的精神要点。

三、纪要的起草程序

与其他公文相比，会议纪要的写作程序较为复杂。一般来说，纪要的起草者要经过"读""记""听"和"写"的程序。

知识拓展

【示例】议决性纪要

××省财政厅第九次办公会议纪要
（2023年3月6日）

2023年3月6日，在省财政厅第一会议室召开第九次办公会议。与会者有厅长×××、副厅长×××、行政处长×××、办公室主任×××及各直属单位主要负责人。会议由厅长×××主持。

在厅长×××传达了省政府《关于压缩行政经费的通知》（以下简称《通知》）精神后，会议就如何按照《通知》精神，抓好行政费用的合理开支问题进行了热烈讨论。与会人员一致认为，既要切实做到勤俭节约，又不能影响正常行政开支及其他有关必要活动的开展。会议达成以下四点共识。

一、各处、各直属单位在本周内用两个半天时间，组织有关人员集中传达、学习《通知》精神，提高认识，统一思想。

二、各处、各直属单位利用下周政治学习时间向工作人员传达、宣讲，对全厅工作人员普遍开展一次勤俭节约、艰苦朴素的传统教育。

三、各处、各直属单位责成有关人员根据《通知》的经费压缩指标，重新审查和修订本年度行政经费的开支预算，并于两周内报厅长办公室。

四、各处、各直属单位的财务部门必须从严控制出差经费。

评　析

这篇纪要主要记载和反映了××省财政厅第九次办公会议的情况和有关议决事项。除结构完整、体式规范外，这篇纪要还具有以下特点：介绍会议概况简明扼要，重点突出；陈述议决事项集中凝练，条理清楚。

素养提升

中共中央宣传部关于授予肖文儒同志"时代楷模"称号的决定
（2021年11月3日）

肖文儒，男，汉族，1962年8月出生，山西朔州人，中国共产党党员，现任国家安全生产应急救援中心副主任兼总工程师。他从事矿山安全生产和应急救援工作38年，从普通矿山救护队员成长为杰出的矿山救援指挥专家。他先后参加、指挥和指导矿山、隧道、山体垮塌等事故灾难救援700余起，多次冒险深入灾难现场，在多起重特大事故救援中发挥了决定性作用，成功解救被困群众1000多名。他牵头或参与制定管理规定、完善救护规程、探索救援技术、培养业务骨干，有力提升了应急救援科学化专业化水平，为提高我国防灾减灾救灾能力、维护社会公共安全、保护人民生命财产安全做出了突出贡献。

肖文儒同志是应急救援一线工程师的杰出代表，新时代共产党党员的先锋榜样。他爱党报国、敬业奉献，模范践行"人民至上、生命至上"理念，始终保持"迎难而上、向险而行"的冲锋姿态，坚定做好党和人民的"守夜人"；他专业精湛、本领高强，始终遵循"科学救援、安全救援"的工作原则，为推进我国应急管理体系和能力现代化发挥了重要作用；他坚持原则、清正廉洁，始终坚守"一身正气、两袖清风"的人生底色，彰显了党的干部忠诚干净担当的政治品格。为宣传褒扬他的先进事迹和崇高精神，中共中央宣传部决定，授予肖文儒同志"时代楷模"称号，号召全社会向肖文儒同志学习，以先进模范为榜样，从中国共产党人的精神谱系中汲取精神滋养，增强"四个意识"、坚定"四个自信"、做到"两个维护"，心怀"国之大者"，深入实施新时代人才强国战略，积极营造识才爱才敬才用才的社会环境，勇于创新、顽强拼搏，为推动高质量发展、推进国家治理体系和治理能力现代化贡献力量。

问题：

请你了解肖文儒的事迹，并简述自己从他的事迹中学到了什么。

学以致用

1. 什么是公文？公文是如何分类的？
2. 公告与通告有何区别？
3. 通知有哪些种类？在写作中要注意哪些问题？
4. 通报与通知有何区别？
5. 请示有哪些种类？
6. 报告和请示的区别是什么？
7. 纪要在写作上有什么要求？
8. 请你根据以下材料，撰写一则通告。

×× 省教育厅、公安厅为了维护学校的正常秩序，保障广大师生的人身安全，保证学校教学工作的顺利进行，准备发布一则通告。通告的具体内容如下。

没有经过学校的允许，无关人员不可以随便进入学校。对那些寻衅滋事，殴打、侮辱师生，抢劫师生财物，严重破坏学校秩序的犯罪分子，要坚决打击，依法惩处。任何单位和个人不准侵占学校的土地、校舍、操场及学校的附属设施，不准进入学校推销商品或占用学校场所搞其他活动。不准破坏校舍、教学设备和环境卫生。不准堵塞学校的道路、污染学校的水源、卡断学校的电路。禁止各类商贩到学校或在学校门口摆摊叫卖。严禁翻印、出售、传抄、传阅反动、淫秽书刊和播放反动、淫秽歌曲。这则通告要求从公布之日起正式执行。对违反本通告的人，经教育又不听者，根据其情节轻重，将依法予以处理。通告发布日期为 2023 年 3 月 22 日。

9. 请你根据要求撰写一则通知。

学校学生会最近决定和区消防中队组织一次联谊活动。为了使活动贴近同学们的生活，学校学生会广泛深入地征询大家的意见和建议，要求各班的文艺委员于 11 月 11 日

12:30到学生会开会，交流讨论各班的情况。请你为学生会主席周华草拟一则会议通知。

10. 请你根据以下两份材料，分别写一份批评性通报、一份表彰性通报。写作中，要根据通报的写作要求补充相关内容。要求事件叙述清晰，观点明确，格式正确。

材料一：学校××年级××系×××同学，平时学习不认真，经常旷课，缺交作业，上课时或者与人讲话，或者打瞌睡。××月××日，他在"财务会计"课程期末考试中作弊。当时情况如下：该同学将事先准备好的字条放入铅笔盒，趁打开铅笔盒时偷看。该生不断开、关铅笔盒的行为引起了监考教师的注意；监考教师要检查他的铅笔盒时，他执意不肯交出，后又迅速将字条揉成一团塞进口袋，并称教师无权搜身，不肯承认自己的作弊行为，态度极为恶劣，还影响了其他同学的考试。根据学校有关规定，该同学本次考试成绩为零分，且不得参加正常补考。如果该同学以后的态度仍如此恶劣，学校还可给予行政记过处分或开除处分。

材料二：10月15日22:00，××学院××系××专业××级××同学在从教室回宿舍的路上，捡到一个黑色钱包。他打开一看，里面有现金2000多元和3张银行卡，还有身份证、电话IP卡、饭卡等。虽然他家里经济状况并不好，但他在没有别人发现的情况下，毫不犹豫地将钱包交到了学院保卫处。学院保卫处根据身份证上的地址联系到失主，确认钱包是机电专业××教师的。××教师对他十分感激，当即拿出200元感谢他，他坚决不要，并说："这是一个学生应当做的。"经过院学生工作指导委员会研究决定，对该同学通报表扬，并给予一定的奖励。

11. 请你根据以下材料分别写一份请示和批复。要求：格式正确，用语恰当。请示、批复均为100～200字。

五四青年节即将来临，你们系的学生会要组织一次题为"真我风采，无悔青春"的诗歌朗诵大赛，经过估算需要活动经费×××元。请你代表系学生会给校团委写一份请示，再代表校团委写一份予以批准的批复。

12. 请你根据以下材料，拟写一份会议纪要的标题和会议的基本情况。

×××在北京市召开了第九次全国大学英语四、六级考试总主考会议。出席会议的有来自全国27个省、自治区、直辖市的英语四、六级考试总主考、副总主考代表，还有教育部高教司和全国大学英语四、六级考试委员会的代表，总共71人。会议时间是4月3日～4日。这次会议的中心议题主要有两个：一是研讨大学英语四、六级考试改革；二是要严肃英语四、六级考试考风考纪，加强考务管理。教育部高教司领导在会上做了重要讲话，全国大学英语四、六级考试委员会的领导做了关于英语四、六级考试现状的报告。随后，代表们分成3组举行座谈会，在会上他们围绕领导讲话进行了充分热烈的讨论，同时提出了很多有益的意见和建议。

13. 请你根据以下材料写一份决定。

你们学校在2021—2022学年涌现了一批先进的班级和德智体美劳全面发展的学生。为了表彰先进，营造良好的学习氛围，经民主测评，系部研究推荐，学工处审定，公示征求意见和校领导批准，学校决定对2021—2022学年的2个"文明班集体"、100名奖学金获得者、45名"三好学生"及70名"优秀学生干部"予以表彰。请你以学校名义拟写一份决定。发文日期为2022年9月20日。

宣传篇

让世界与我共思共想，
让我与世界同长同强

开篇寄语 ▼

你有没有在操场上做过慷慨激昂的新生演讲？你有没有在运动会上向主席台发送过通讯小稿？你将来会不会作为一名记者报道"硝烟战况"？这些情景都需要用到宣传应用文。

育人目标 ▼

1. 了解宣传应用文对树立社会主义核心价值观、端正社会风气的意义。
2. 学习模范人物的事迹，汲取奋进力量，踔厉奋发，勇毅前行。

第一课　宣传应用文概述

应知导航

1. 了解宣传应用文的概念。
2. 通过比较，体会宣传应用文的特点。

知识探究

一、宣传应用文的概念

宣传应用文是指为达到某种目的，通过大众媒体（报纸、广播、电视台等）或在公共场合中面对面的交流，对公众进行宣传、说明和介绍信息、知识的一类应用文体，如新闻稿、演讲稿、广播稿。

二、宣传应用文的特点

宣传应用文，就其写作目的来说，主要是进行宣传、介绍；就其传播对象来看，面对的既有大众媒体的读者、听众、观众，也有特定场合下面对面的公众。这类应用文与其他种类的应用文相比，具有以下特点。

1. 表达方式比较灵活

宣传应用文以教育、宣传为目的。为了吸引更多的读者、增强文章的感染力，宣传应用文往往运用多种表达方式。

2. 语言讲求通俗性、形象性

宣传应用文要起到宣传、介绍的作用，在语言上就必须明白晓畅、通俗易懂，让读者、听众、观众能在短时间内抓住主旨；同时为增强文章的吸引力，语言还要注重形象性。

3. 传播范围广泛

宣传应用文是以人民群众为传播对象的。与公文、事务应用文等针对性强的应用文相比，宣传应用文的传播范围更广。

第二课　新闻稿

应知导航

1. 了解新闻的概念、特点及种类。
2. 掌握新闻稿的写作格式及写作要求。

知识探究

一、新闻的概念

新闻有广义和狭义之分。广义的新闻包括消息、通讯、特写和调查报告等。狭义的新闻是指对新近发生的、广大公众普遍关心的事实的报道，即消息。这里介绍的是狭义的新闻。

二、新闻的特点

（1）新鲜性。新闻报道的内容是新事、新人、新动态。

（2）真实性。真实性是新闻的生命。新闻必须用事实说话，做到言之有据。另外，新闻人物、地点、时间、数字等都应准确无误。

（3）时效性。新闻不仅要求报道内容新，而且要求报道时间新。新闻要及时报道新情况、新经验、新问题，给人以新意、新信息。

（4）简短性。新闻的篇幅一般比较短小，几十字、近百字或几百字就足够了。

三、新闻的种类

报纸上常见的新闻，按写作特点可分为动态新闻、综合新闻、经验新闻、述评新闻和人物新闻。

（1）动态新闻。动态新闻是指迅速、及时地反映事件最新动态、最新特点的新闻。它是新闻中最常见的一种，也是报纸上数量最多的一类新闻。这类新闻一事一报，篇幅短小。

（2）综合新闻。综合新闻是指综合报道一个地区或一条战线的情况、动向、成就、问题的一类新闻。综合新闻注重点面结合、反映全局。综合新闻既有典型事实，也有对全局情况的概括。

（3）经验新闻。经验新闻是指报道某一部门或某一单位工作中的新做法、新成绩和新经验的一类新闻。

（4）述评新闻。述评新闻是指用夹叙夹议的方式，在叙述中发表作者的观点，以反映当前形势、事态、问题的新闻。

（5）人物新闻。人物新闻是指宣传新闻人物，突出反映人物的思想品德、优秀事迹和精神风貌的新闻。

写作指南

新闻稿的写作格式

一、新闻稿的写作格式

新闻稿一般由标题、导语、主体和结尾四部分组成。

1. 标题

标题是新闻的眼睛，好的标题使读者一目了然、印象深刻。新闻的标题分为单行式和多行式。单行式标题只有一个标题，它是对新闻内容的高度概括，使人一见标题就知道新闻的主题。多行式标题分为三种形式，如表 3-1 所示。

表 3-1　多行式标题的形式

标题形式	示例
引题＋正题＋副题	与其在大城市苦熬，不如回乡创业（引题） 邓州 200 多名大学生"凤还巢"（正题） 创办 103 个涉农企业，总产值过亿，助推当地经济（副题）
引题＋正题	8 月底公开招聘，需要人数近 10 万人，奥组委志愿者部称（引题） 做志愿者绝不是一件轻松的差事（正题）
正题＋副题	高技能人才成了"香饽饽"（正题） 沈阳举办"技能成才我成功"主题演讲比赛（副题）

引题在正题之上，主要从一个侧面对正题进行引导、烘托或渲染；正题用来揭示新闻中最重要、最具吸引力的信息，是新闻的核心部分；副题在正题之后，用来补充、注释和说明正题。

2. 导语

导语是新闻的开头，可以用一句话，也可以用一个自然段，简明扼要地概括最新鲜、最主要的事实，提示新闻要旨，以吸引读者阅读全文。

3. 主体

主体是新闻的主干，是新闻最基本、最重要的组成部分。主体一方面是对导语进行解释、深化和具体化，进一步提供有关细节和背景材料，使其更清楚、明确、具体；另一方面是对导语中未提及的事实进行补充。主体部分要用充分的有说服力的事实材料表现新闻的主

旨。新闻主体的结构形式大体有以下两种。

（1）倒金字塔结构。倒金字塔结构是新闻写作中最常见的一种结构方式。它以事实的重要程度或广大群众的关心程度依次递减的次序，安排新闻中各项事实内容。

（2）金字塔结构。金字塔结构是按新闻事件发生和发展的顺序安排材料的一种结构形式。事件的开始和结束，就是新闻的开头和结尾。它适用于前后时间跨度比较小或者有比较完整、曲折的情节或生动细节的新闻事件。

4. 结尾

结尾主要对全文进行简单总结或指出事物发展的趋势。有的新闻稿没有结尾，事实叙述完毕，就自然结尾了。

二、新闻稿的写作要求

1. 新闻要素清楚

新闻要把报道的事实交代清楚，一般需要具备以下要素，即时间、地点、人物、事情、原因及进展。

2. 用事实说话

新闻要通过事实来说明问题。导语要将事实中最精彩、最重要的部分展示出来。

3. 紧扣主旨

新闻主体在具体展开事实时，选取的材料要精当，要紧扣新闻主旨。

小贴士

新闻写作三部曲：采访、写作、编辑。其中，采访指新闻工作者为获得新闻事实材料而对客体进行的访问、观察、思索和记录等调查研究的活动；写作指新闻工作者把采访中搜集到的材料、信息，通过文字写作形成一定体裁的新闻作品的过程；编辑指新闻工作者按照一定的方针政策，对特定的新闻资源进行整合，包括选择和加工原稿、策划和制作主题、处理和设计图片、拼组和规划版面等行为，以达到再现新闻真实性的目的。

知识拓展

【示例】新闻稿

"征程：迎接庆祝党的二十大胜利召开书法大展"举办

本报北京8月16日电 （记者徐红梅）由中国文学艺术界联合会、中国国家博物馆、中国书法家协会共同主办的"征程：迎接庆祝党的二十大胜利召开书法大展"16日在中国国家博物馆开幕。

据介绍，本次大展将书法寄情抒怀的艺术表达方式与记言录史的社会功能相结合，组织300多位书法家深入基层、广泛调研，通过精心创作遴选的300余件作品，聚焦新时代党和国家事业取得的历史性成就、发生的历史性变革以及新时代"时代楷模"先进典型事迹和"中国共产党人的精神谱系"，讴歌时代，书写人民，赞美英雄。

本次大展还将中国传统装裱风格融入现代展陈设计，展现了清新质朴的审美。

（引自《人民日报》，2022年8月17日）

这则新闻采用单行式标题，用简明扼要的语言概括出重要事实。导语中事件、时间、地点几大新闻要素齐全，一目了然。主体突出了书法大展的规模和主题，行文流畅。

第三课 广播稿

应知导航

1. 了解广播稿的概念、特点及种类。
2. 掌握广播稿的写作格式及写作要求。

知识探究

一、广播稿的概念

广播稿不是一种专门的文体，而是用口头语体写成的、用于广播宣传的各种新闻类文体的统称。

二、广播稿的特点

（1）可听性强。广播稿是通过广播媒体供人收听的，对可听性的要求很高。广播稿必须口语化、通俗化。

（2）高效性。广播稿讲求时效，要先声夺人。报道迟了，广播稿就失去了价值。

（3）广泛性。广播稿一经广播媒体播出就具有广泛的群众性。收听（视）率高，范围广，不受时间、空间和听众知识水平的限制。

三、广播稿的种类

广播稿主要包括广播中播出的新闻、新闻评论，录音报道，录音访问，广播对话，等等。

写作指南

一、广播稿的写作格式

广播稿种类很多，这里介绍几种常用广播稿的写法。

1. 新闻和新闻评论

广播稿中的新闻、新闻评论的撰写要求和报纸上的新闻、新闻评论一样，只是要注意结合广播是利用声音传播的特点，要求写作更通俗化、口语化。

你认为以下哪些词语适用于广播稿？

立即——马上　　　　地处——位置在　　　　心悸——心跳太快

备足——准备好了　　因此——所以　　　　迅速——很快就

心焦——心里着急　　备齐——准备齐

2. 录音报道

录音报道是最能发挥广播特点的报道形式，由文字解说、现场实况录音组成。现场实况录音包括现场声响，如鞭炮声、掌声等，以及人物谈话。

（1）文字解说。文字解说主要用来交代时间、地点、人物，叙述主要事件，揭示主题。由于现场声响、人物谈话不足以使听众明确地了解报道中事件的具体情况，因此录音报道必须穿插文字解说，而且许多事件的意义也要用文字解说来揭示。

（2）实况录音。现场声响能展开情节、渲染主题，增强文字的表现力。录音报道要善于捕捉现场中最能深刻表现主题、展示风貌的音频素材。

3. 录音访问

录音访问通常是提出问题，请有关人员发表意见、回答问题。录音访问有时会在访问开始前加一些简短的介绍，有时会直接进行访问谈话，有时会在谈话中间插入介绍。

二、广播稿的写作要求

1. 篇幅短小精悍

广播稿的篇幅要比报刊上的新闻报道短小。要使篇幅短下来，首先主题要集中，其次选材要精当，组材要详略得当。

2. 结构严谨而清晰

为了增强可听性，广播稿一般不采用网状形、纵横交叉式等复杂的结构方式，大多采用时间顺序结构或逻辑结构。具体要求有三点：一是主线单一，即一篇稿件只围绕一个中心问题；二是构思新颖，即稿件能吸引听众的注意力；三是层次分明，上下连贯，过渡自然，前后照应，使听众听完全文后对主要内容了然于胸。

3. 语言表达通俗易懂、明白晓畅

广播稿的语言应通俗化、口语化，力求做到念起来顺口，听起来顺耳，明白晓畅，使人一听就懂，不会产生误解。因此，写作时必须注意：不用或尽量少用文言词或半文半白的词句；不用同音不同义的词；在交代人名、地名、单位名时，应用名词直接点明，尽量少用人称代词和指示代词；少用长句和多重复句。

知识拓展

【示例】广播稿（录音报道）

菜场用上环保袋

2023年2月26日，×××电视台的×××栏目曝光了河北省某个家庭作坊把农药桶、

油漆桶及医院废弃输液管等物质制成食品袋的事情，节目中触目惊心的场景让这个农贸市场的经理 ×× 深受震动。第二天，他就立即召集市场班子，提出在全市场使用绿色环保塑料袋的想法。

想法虽好，但实施起来并不容易。×× 经理说:"(录音)我们农贸市场有 200 多家商铺，要让他们都使用这种绿色环保塑料袋的话，这个工作量对我们来说是非常大的。为什么要使用这个绿色环保塑料袋呢？我们想让消费者买到放心菜、用上放心袋。对白色污染的治理工作是每个公民应尽的义务。"

做通思想工作后，农贸市场还和每家商铺签订了《关于统一使用绿色环保塑料袋的责任协议书》。协议书规定，商铺如果不按农贸市场的有关规定，擅自使用不符合规定的塑料袋，第一次被发现时要上交违规使用的塑料袋，第二次被发现时要停业整顿 5 天并写一份书面保证，第三次被发现时就要搬出此农贸市场。实施这样的协议，商铺铺主心里会不会有些不情愿呢？毕竟使用绿色环保塑料袋的成本要比原来的高。

卖干货的郑先生乐呵呵地说:"(录音)没什么好担心的。这种袋子在卫生方面比原先那些有保证，我们也有了环保意识。虽然这个袋子的成本高了几分钱，但顾客也多了，我们也愿意承受，总的来说还是划算的。"

对于农贸市场统一使用绿色环保塑料袋的做法，消费者都持欢迎态度，有的消费者还专程绕道来这个农贸市场买菜，有的消费者甚至希望购买一些这样的绿色环保塑料袋放在家里使用。

据了解，在农贸市场内全面使用绿色环保塑料袋的做法今后将在全市推广，市贸易局还把这一做法列为今年评选"绿色市场"的重要标准之一。相信不用多久，×× 市的市民都能过上"用放心袋买放心菜"的生活了。

评　析

　　这篇录音报道形式的广播稿最大的特点是将文字解说和实况录音结合起来。全文结构清晰、层次分明，选取的两段录音分别是市场经理的和经营户的，从不同的角度深化主题，极具代表性。文字解说既有对事实的交代，也有对主题的揭示，末段与前面呼应，提出希望。

第四课　演讲稿

应知导航

1. 了解演讲稿的概念、特点及种类。
2. 掌握演讲稿的写作格式及写作要求。

演讲稿

知识探究

一、演讲稿的概念

演讲稿又称演说词，是供演讲者发表口头演讲使用的文稿。演讲稿是演讲前准备好的内容完整的文字形式，不包括演讲提纲等内容不完整的文字，也不等同于对演讲进行现场录音或记录进行加工而发表的文章。

二、演讲稿的特点

（1）针对性。演讲稿的内容是听众最关心、最感兴趣、最想了解的，表达方式也要因人而异，因此，演讲稿的针对性十分鲜明。

（2）鼓动性。演讲稿要具有鼓动性，能起到宣传、教育的作用，这样才能使听众为之振奋，为之鼓舞。

（3）通俗性。演讲稿最大的特点是直接口头表述，语言既要通俗化、口语化，又要符合书面语法规范，以讲为主，以演为辅。

三、演讲稿的种类

演讲稿根据不同的表达方式可分为议论型演讲稿、叙事型演讲稿和抒情型演讲稿三种。

写作指南

一、演讲稿的写作格式

演讲稿由标题、称谓、开头、主体和结尾五部分组成。

1. 标题

标题要高度浓缩和概括，要简练、醒目、有吸引力。标题一般有以下三种类型。

（1）揭示主题型，如"自学可以成才"。

（2）揭示内容型，如"在市教育工作会议上的讲话"。

（3）提出问题型，如"当代青少年应具备什么素质"。

2. 称谓

称谓是对听众的礼貌用语，要亲切、准确，起到拉近距离、沟通感情的作用。格式为在标题行下顶格加冒号。称谓应根据听众和讲演内容需要来决定，常用"同志们:""朋友们:"等，也可加定语渲染气氛，如"年轻的朋友们:""艺术专业的同学们:"等。

3. 开头

好的演讲稿一开始就引人入胜。常见的开头方法有：开门点题，从演讲的题目讲起，介绍演讲的原因，吸引听众的注意，使听众觉得自然、顺畅；开门见山，点出主旨，开端处就点出演讲的论点；援引事例，从具体事例入手引出演讲题目；引入小故事、寓言、笑话；引入传闻、个人经历、偶然事件；用出乎意料的提问、设问、比喻等开头。

4．主体

主体是演讲稿的主要展开部分，要做到中心突出、主题明确、条理清晰、逻辑严密、结构灵活、跌宕起伏。主体的结构方式主要有并列式、递进式和对比式。并列式是先分别论述问题，后归纳观点，适用于从不同角度论述同一个问题。递进式是一层一层地分析、推理，由小及大，由浅入深，逐步讲清道理，适用于逻辑性强、道理较深的内容。对比式是先对谬论进行批判，由此提出自己的观点，再论证自己观点的正确性；或反过来先立论后驳论，形成正反对比，在对比中肯定自己的观点。主体应力求唤起听众的兴趣，吸引听众的注意，发人深省，扣人心弦。

5．结尾

结尾是对全文的收尾，好的结尾可以升华主题，加深听众的印象。结尾形式多样，既可总结全篇提示听众演讲将结束，又可帮助听众回顾演讲的内容。

二、演讲稿的写作要求

1．有的放矢，主题明确

写演讲稿时既要了解听众的年龄层次、文化程度、职业等情况，也要弄清听众的心理愿望和要求，特别是要知道他们最关心、最迫切需要解决的问题是什么。只有掌握了这些信息，演讲稿才会有针对性，才可能引起听众的共鸣。演讲稿注重主题的单一性和思想倾向的鲜明性，以便听众集中精力，在短时间内领会演讲的中心意思。

2．内容要新颖，有吸引力

演讲稿的选题要新颖，要选择当下现实生活中急需回答的问题。一方面，要善于从新的角度去发现、分析问题，挖掘人们身边存在的新鲜问题；另一方面，材料要新颖，并且注重实例，以更好地吸引听众，保证演讲效果。

3．结构清晰完整

层次清晰、有头有尾、一气呵成才能使演讲紧紧抓住听众。

4．语言要流畅、生动、深刻

流畅是指句子要通顺，朗朗上口，切忌咬文嚼字、堆砌辞藻；生动是指语言要富有趣味性，活泼诙谐，可以增强演讲的表现力；深刻是指语言要有哲理性，既要让听众爱听，又要让听众铭记。

知识拓展

【示例】演讲稿

一位学生会主席的就职演讲稿

尊敬的老师、亲爱的同学们：

大家好！

我是×××。我很荣幸能够当选信息管理系学生会主席，非常感谢系领导、老师及在座的各位同学对我工作能力和工作成绩的肯定！我经常用这样一句话自勉："既然是花，我就要开放；既然是树，我就要成为栋梁；既然是石头，我就要铺成大路。"那么现在，既然我已是一名学生会主席，我就要成为一名出色的领航员！

我们信息管理系学生会是在系团总支老师的指导下独立开展工作的学生组织，是为全系同学服务的组织。我竞选的时候说过加入主席团是一种荣誉，更是一份责任。如今我已经当选学生会主席，我将做好本职工作，在系领导、老师的指导下，"求真、务实、开拓、创优"，努力提高本系学生会成员的整体素质，将学生会工作做"小"、做"细"。作为新上任的学生会主席，我深知肩膀上的责任比我之前认为的还要重，但我将会以百分百的工作热情负起这份重任，去克服各项挑战。在此我也希望我们学生会的每一个成员均以开荒牛的精神自勉，努力做好各项工作。

下面，请允许我代表学生会全体成员向大家承诺。

首先，我们将做好学生会自身的建设。（略）

其次，我们将做好内部协调工作。（略）

再次，我们将做好联系工作。（略）

最后，我们将开展好活动建设工作。（略）

俗话说："没有最好，只有更好。"我相信在系领导、老师的指导，现任主席团、各部部长、干事的辅助，以及同学们的大力支持和自我努力下，信息管理系学生会的工作将更上一层楼！

评析

这是一篇典型的学生干部就职演讲稿。这篇演讲稿紧紧围绕如何做一名称职的学生会主席而展开，重点在于自己的工作承诺，在内容上具有现实性；在情感上直抒胸臆，表达自己的感激之情，有着很强的感染力。此外，演讲稿全篇采用口语化的表达方式，显得平易近人，拉近了与听众的距离。

第五课　通讯和解说词

应知导航

1. 了解通讯、解说词的概念、特点及种类。
2. 掌握通讯、解说词的写作格式及写作要求。

知识探究

一、通讯

1. 通讯的概念

通讯是运用叙述、描写、抒情等多种表达方式，对有新闻价值的人或事进行详细、生动报道的一种文体。通讯属于广义的新闻，它与消息（狭义新闻）的区别如表3-2所示。

表 3-2　通讯与消息的区别

比较的项目	通讯	消息
外表形式	开头无"本报讯"或电头之类	开头常注明"本报讯"或电头之类
表现对象	侧重写人	侧重记事
表达方式	综合运用叙述、描写、抒情、议论、说明	以叙述为主
结构形式	灵活多变	以倒金字塔结构和金字塔结构为主
人称	可用第三人称，也可用第一人称	多用第三人称
篇幅	篇幅一般较长	篇幅较短
时效	时效性弱	时效性强

2. 通讯的特点

（1）真实性。通讯是一种广义的新闻，也以真实性为生命，即应当准确地反映事实。

（2）形象性。通讯不仅要用事实说话，还要形象生动，是一种对形象性要求很高的文体。通讯要有活灵活现的人物活动，有生动的环境、场景描写。在叙述事件时，通讯要有情节、有波澜，讲究故事性、趣味性。

（3）评论性。通讯的显著特点是作者可以根据需要就事实发议论、作评价，在夹叙夹议中表明自己的倾向、态度，但评论不能像议论文那样，使用逻辑推理的方式，也不能长篇大论，而是将议论和叙述、描写、抒情紧密结合，紧扣人物、事物的特点，寓情于理。

3. 通讯的种类

通讯一般可分为四大类，即人物通讯、事件通讯、工作通讯和概貌通讯。

（1）人物通讯。人物通讯是指以报道新闻人物事迹和形象为主的通讯。人物通讯通过报道人物的思想和事迹，揭示他们的精神境界，达到教育群众的目的。人物通讯可以写人物的一生，也可以写人物的生活片段。

（2）事件通讯。事件通讯是指以记事为主，报道现实生活中带有倾向性和典型性的事件发生、发展过程的通讯。事件通讯可以完整、深入地报道一件新闻事件的发生、发展和结果，也可以突出描写其中的一个片段或侧面。

（3）工作通讯。工作通讯是指报道先进工作经验、某项工作成就的通讯。它通过对工作的典型剖析，概括出具有规律性的内容。

（4）概貌通讯。概貌通讯又称风貌通讯，主要是报道某一地区或单位的自然风貌、风土人情、发展变化、生活状况或进行某一活动的基本面貌。

二、解说词

1. 解说词的概念

解说词是一种配合实物或图片、录像、录音、幻灯片等形式来说明、解释人物或事物的一种应用性的文体。产品展销、书画展览、文物陈列、人物事迹介绍、导游解说、影视剧解说都会用到解说词。

2. 解说词的特点

（1）针对性强。解说词是一种实物与文字有机组合的宣传形式。它是对某个实物或画面等具体对象进行解释和说明的。与一般文章不同，解说词不能脱离实物而单独存在，所以解说词的内容必须根据服务对象的内容而定。

（2）生动形象。解说词是对视觉和听觉的补充，在形式上要生动形象，要有很强的感染力。

（3）口语化。解说词用于在现场进行直观介绍，因此语言要通俗易懂，多带有口语色彩。

3. 解说词的种类

解说词按照使用的范围可以分为三类。

（1）产品展销或实物图片展览的解说词。这类解说词以说明为主，客观性较强，目的是让观众对眼前的实物了解得更加全面、深入。

（2）历史文物、旅游景点的解说词。这类解说词综合运用叙述、议论、描写等表达方式，娓娓道来，具有丰富的知识性和深厚的文化内涵。

（3）影视剧、幻灯片的解说词。这类解说词采用叙述和抒情相结合的表达方式，注重形象性，具有较强的文艺色彩和艺术感染力。

写作指南

一、通讯的写作格式及写作要求

1. 通讯的写作格式

（1）标题。通讯的标题讲求简练、准确、生动。标题写作时，要善于挖掘细节，力求做到巧妙、新颖。和消息标题不同的是，通讯的标题更接近一般文章的标题，以单行或双行标题为主，三行标题一般比较少用。

（2）正文。通讯的正文一般由开头、主体和结尾组成。

① 开头。通讯的开头与消息的开头不同，不一定要概括整个新闻的事实或揭示新闻的主题，但它要求在紧扣主题的前提下新鲜生动。比较成功的通讯开头有以下几种。

- 以重要情节开头：重要情节能使读者读起来津津有味，迫切看到结尾。
- 以鲜明对比开头：对比鲜明也能引起读者的阅读兴趣。
- 以精辟的议论开头：精辟的议论有强烈的感染力，能使读者精神振奋。
- 以恰当的引语开头：用古今诗词、格言、人物语言等开头，能使文章显得生动、有趣。

② 主体。通讯的主体常应用典型的事例、丰富的材料、生动的描述，对主题进行深化、提炼。通讯的主体的结构方式常见的有纵式、横式和纵横式三种。纵式是按时间顺序、事物发展顺序或作者对所报道内容的认识发展顺序来安排层次。横式是按照空间变换或事物的性质来安排材料的结构方式。纵横式是将时空结合起来，以时间为经线、以空间为纬线的结构方式。

③ 结尾。通讯的结尾千姿百态。好的结尾可以起到深化主题、激发感情、引人深省的作用。好的通讯结尾大体有以下几种。

- 画龙点睛：行文将结束时用几句画龙点睛的议论，或发人深省，或引起读者共鸣。
- 用事实说话：结尾充分用事实说话，把思考留给读者。
- 前后呼应：开头与结尾呼应，使文章有始有终。
- 自然收尾：写完就停笔，不拖泥带水。

2. 通讯的写作要求

（1）深入采访，掌握材料。采访是写好通讯的前提。通讯注重内容含量，篇幅都较长。只有通过深入采访，才能掌握大量具体的一手材料，保障通讯有充实的内容。在搜集材料时要注意捕捉细节，细节处往往最动人。

（2）选好角度，精选材料，提炼主题。掌握大量材料后需要对材料去粗取精，根据写作意图提炼出一个集中、深刻的主题。这里最关键的是选择一个好的角度去表现主题。选择的角度要巧妙，应抓住人们并不注意却蕴含无限新闻价值的细节来表现。

（3）综合多种表现手法，写出文采。通讯讲求生动形象，所以在写作中除了叙述外，要综合运用描写、抒情和议论等多种表达方式，写出文采，从而增强通讯的感染力。

二、解说词的写作格式及写作要求

1. 解说词的写作格式

解说词的写作格式比较灵活，篇幅可长可短，少则几十字，如产品解说；多则洋洋万言，如影视剧解说。概括来说，完整的解说词由标题、前言、主体和结语组成。

（1）标题。要根据解说词的内容来确定标题。例如，"好山好水出奇石"（某奇石艺术展解说词标题）、"从平民到丞相"（介绍诸葛亮的纪录片的解说词标题）、"古龙山旅游景点解说词"。在实际口头解说中，标题可以省略。

（2）前言。解说词的前言主要是对所展示的实物和所介绍的人物的意义、价值及背景的概括。有的解说词通常在前言要有表示欢迎的内容，如"欢迎光临 ×× 会展中心，对 ×× 公司的产品进行指导"。

（3）主体。解说词的主体主要是对实物、图片、人物、事件进行的具体解说。要把最能体现客观事物本质特征的内容介绍出来，选择观众需要了解的内容加以解释、说明，运用多种表现手法，将知识性与趣味性相结合。例如，对于人物介绍，可以按时间顺序分别介绍人物各个阶段的事迹，或者按空间顺序介绍人物各个方面的事迹。导游解说词可以对游览地的景点进行具体生动的解说。

（4）结语。解说词的结语可以总结对解说事物的总的感受，也可以归纳主题。例如："整个游程历经数里绝壁、十里喷泉、百里画卷、千里洞天。原始的生态风景长廊，让人仿佛置身于世外桃源。这就是神秘而令人神往的古龙山峡谷群风景区。"

2. 解说词的写作要求

（1）有的放矢。解说词必须与解说对象紧密结合，解说对象变换，解说词也要随之变换。

（2）语言要亲切自然，朗朗上口。解说词要尊重观众的风俗习惯和语言习惯，还要符合自己的身份。

知识拓展

【示例一】通讯

"生活在这样的国家，太幸福了"

春夏之交，乌鲁木齐微风轻柔，阳光如金。病房外，一树繁花簇拥在枝头，格外明艳……

2021 年 5 月 9 日，母亲节。来自和田的苏迪乌麦·伊敏托合提收到了最珍贵的节日礼物——7岁的儿子断臂再植危险期已过，有望很快恢复健康！

8天前的那个夜晚，这个断臂男孩，牵动了无数人的心。黄金8小时，从和田到乌鲁木齐，一场跨越1400千米、惊心动魄的陆空接力，一次充满爱心与揪心的生死救援，为这个男孩的生命，开启新的春天。

断臂

4月30日20:30，晚霞如火。和田县拉依喀乡的一个核桃园里，苏迪乌麦忙着打药，儿子在地头玩耍。

陡然，"哇——"的一声，划破天空。

飞跑过去，苏迪乌麦几乎呆住——儿子小小的身躯紧贴着飞速转动的拖拉机皮带轮，右肩膀血肉模糊。地上，有半截手臂！

苏迪乌麦大声哭喊求救。

"找车，送医院！"村民小组组长图尔苏麦麦提·图尔苏托合提大叫。

"上我的车！"说话间，一位村民已经发动引擎。

男孩舅舅马上抱起男孩，跳上车。

"我和你们一起去！"图尔苏麦麦提说。另一位村民取下纱巾，捡起地上的手臂，包好递给他。

从村里到和田市区，25千米，开车要40分钟。

有村民拨打了"110"，和田县公安局110指挥中心接警组组长伊孜哈尔·麦麦提敏协调120急救中心，前去救援。

载着断臂男孩的车还未出村，电话来了——"你们往这边开，我往那边开，中途会合！"和田地区120急救中心司机麦图尔苏·艾合麦提急匆匆地说。

男孩的哭声撕扯着每个人的心。"快点，再快点！"车上，大伙儿都紧紧抓着把手，急切地望向前方。

图尔苏麦麦提给村委会主任艾力·马木提发微信，报告情况。

艾力回电话："别慌！我们现在出发，去市区会合。"说罢，他叫上2名村干部，直奔市区。

"全力抢救孩子，有困难及时汇报，我们协调！"乡干部的电话也来了。

距和田市区14千米处，相向而行的两辆车，很快碰头。男孩被迅速转移到急救车上。

21:01，急救车驶进了和田当地一家专做显微外科手术的医院。男孩伤情太重，该院无法救治，值班医生给和田地区人民医院骨二科主任艾尔肯·日介甫打去电话。

21:15，和田地区人民医院，艾尔肯早已等在那里。

对断肢和伤处进行冲洗、清创、包扎……创面太大，胸部也有伤口，光是包扎，就用去4条绷带、8块棉垫、3包纱布。

艾力也赶来了，手里拎着塑料袋，里面装着村民们临时凑来的2500多元。

"伤得太重，我们做不了接臂手术。"走出处置室，艾尔肯摇摇头。众人的心，瞬间冰冻。

"没别的办法了？"男孩舅舅问。

"我和乌鲁木齐的医生联系，他能接！"原来，新疆医科大学附属中医医院与和田地区人民医院建立了对口帮扶机制。以往遇到这种情况，接到电话，新疆医科大学附属中医医院骨三科修复重建组组长、副主任医师黎立就会乘飞机赶来。

可是，当天乌鲁木齐飞往和田市区的最后一班飞机刚刚起飞！

医生来不了，只能让男孩飞过去！

"断肢再植黄金期只有8小时，快去赶飞机！"艾尔肯说。

和田市区飞往乌鲁木齐的航班，只剩最后一班，23:46起飞！舱门提前30分钟关闭！此时，已是22:45。

男孩再次躺上急救车，交警闻讯赶来导引。一路上，车辆纷纷避让，一条生命通道就此打开。

30千米，18分钟，机场到了！

返航

23:00，和田机场。停机坪上，只有一架航班——CZ6820。

候机厅里，一台抢救车被众人推着，车轮发出的"咔嗒"声在大厅回荡。

"孩子胳膊断了，必须上这趟飞机，否则就保不住了！"艾力手举输液吊瓶，对机场服务人员说。

"飞机已经推出廊桥，马上就要起飞。"

"能不能把飞机叫回来？"男孩舅舅的声音颤抖着，手里医生开的乘机证明被他攥得湿透。

23:42，南航和田营业处机场站站长吴靖祺接到旅客服务部来电，一位断臂小旅客急需上飞机！

"还有4分钟，飞机就要起飞了！"吴靖祺的心猛地一沉，抓起电话，联系运行指挥中心，请求将飞机拖回。

不到1分钟，指挥中心下达"拖回廊桥，二次开门"指令。

23:43，和田机场塔台。

"CZ6820，接到通知，有断臂小孩需要上飞机，请将飞机拖回。"航行管制员王丰恺戴上耳麦，向机长呼叫。

"CZ6820收到。"机长汤辉忠回答干脆。

飞机返回，二次开门。这在中国民航史上，罕见。

鼓励

23:46，舷窗外，繁星满天。计划起飞时间已到，CZ6820航班机舱内，101名乘客等待起飞。

"叮咚"，客舱广播响起，"……有位旅客需紧急前往乌鲁木齐救治，飞机现在将拖回停机位，请您谅解……"

机舱内顿时鸦雀无声。

23:49，飞机拖回停机位。

23:54，舱门二次开启。

在此之前，乘务组已做好应急准备。

靠近舱门的位置，留出一排空座。门开了，男孩被抱上去。乘务长赵燕赶紧接过男孩舅舅的手提袋，那是被冰块冷却的断臂；乘务员姚宇高高举起输液瓶；乘务员侯倩洁从厨房拿出准备好的冰块……

5月1日00:09，飞机起飞。

乘客董先杰自告奋勇："我当过军医，我来帮忙看护。"他让乘务员找来绳子，穿过客舱隔板空隙，将输液瓶高高挂起来。

驾驶舱内，汤辉忠稳稳操控飞机："争取提前到，为孩子手术多留出一些时间！"

乘务组不停更换冰块，为断肢保冷降温；安保组长两次为男孩接尿……

在镇静剂的作用下，男孩很安静，眨巴着大眼睛，打量着周围。这是他第一次坐飞机，眼前的一切都很新奇。

"这么小的孩子，却遭这么大的罪……"望着与自家女儿差不多大的男孩，赵燕的眼泪止不住了。

她轻俯在男孩耳边，一遍遍鼓励道："宝贝别睡，你最勇敢……"

"我这有1000块。""算我一份。"……汤辉忠和赵燕等凑出1600元，塞到男孩舅舅手里。

不一会儿，男孩打起哈欠。"绝不能让孩子睡着……"大家紧张起来。

赵燕反复为男孩擦脸，放动画片给他看，乘客李强不停地与男孩聊天。

01:36，CZ6820航班稳稳落在跑道上。提前15分钟到达乌鲁木齐！

地面上，航班机位已由145号远机位改为103号近机位。急救车、医护人员半小时前已就位。

舱门打开，医护人员冲了上去。

"感谢各位旅客同我们一起与时间赛跑，开展这场生命接力。"赵燕哽咽地向旅客广播道。安静片刻，客舱里响起雷鸣般的掌声。

"这是一次暖心的旅程。"一位年轻男乘客下机前对乘务员鞠躬道，"辛苦了，点赞！"

接臂

黎立得知断臂男孩登上飞机的那一刻，新疆医科大学附属中医医院的危急重症患者绿色通道同步开启。

02:00，各部门准备就绪。

麻醉科主任曹新华——"已做好准备！"

输血科主任李清——"保证以最快速度备血！"

急救中心主任马骏麒——"人员设备全部到位！"

主刀医生黎立，带领团队成员预演手术细节。

02:10，救护车从乌鲁木齐市黄河路路口疾驰而过，停在医院门前。

03:15，做完术前准备，男孩被推进负压手术室。

03:20，血红细胞和血浆送到。

建立静脉通道、全麻插管、清创……无影灯下，除了器械碰撞声和操作口令，静得能听见心跳。

04:15，黎立抬眼望了望倒计时钟，距离断臂再植"黄金8小时"结束仅剩15分钟！

他戴上显微镜，扎紧男孩的静脉血管，选择了一根比头发丝还细的线，缝合肱动脉。

此时，千钧一发，不容有失。只要缝错一针，就要将血管头剪掉重来。

他全神贯注，屏住呼吸，第一针、第二针……第十二针，终于把血管接上了！

为排除一部分血液中的毒素，黎立在扎死的静脉血管上剪开了一个口，再迅速打开肱动脉上的血管夹。

能不能建立血供，成败在此一举！

等待回血，只需几秒。但黎立别过头，拿着镊子收拾用过的纱布。他不敢看，每一秒都是煎熬。

"呀！手红了！"就在大家静待结果时，一位护士兴奋地喊起来。

04:30，倒计时钟上，时间清零。

手术成功了！男孩的手臂接上了！

重生

5月2日，术后第一天。

正是关键期，各项生命指标都需密切注意。

"肺部出现渗出和空洞，怀疑有肺结核既往病史……"

"可孩子没有咳嗽、咳痰的情况，建议做CT，排除肺结核可能……"

"不行，孩子现在绝不能移动，可能引起右臂血管危象……"

在骨三科医生办公室，儿科、呼吸科、重症医学科等10位科室主任围坐在一起：一场多学科会诊正紧张进行。

"手术只是第一步，术后治疗如有偏差，可能前功尽弃！"黎立说。

防感染、保护重要脏器功能、加强营养和护理，3个治疗重点确定后，各科室又分别制定详细治疗方案。

5月4日，一番详细检查后，男孩的肺结核排除了，男孩的食欲也大增。下午，见到查房的黎立，男孩嘟起小嘴："叔叔，我想吃烤肉！""没问题，但你的肚子还没恢复，只能吃两串！"黎立回答。

5月5日，医院采用中医辨证施治方案，再加碳光子治疗，对再植右臂进行活血化瘀。男孩的精神越来越好，跟妈妈打视频电话时，还唱起歌来。

5月6日，活血化瘀效果明显，男孩右臂出现了皮纹，胳膊消肿了！躺在病床上，和着音乐，他扭动着脖子，左手左右摇摆，"跳"起舞蹈……

在医护人员的精心治疗和呵护下，断臂男孩像茁壮成长的麦苗，向着阳光，奋力拔节！

感谢

5月6日22:00左右，病房里，男孩正缠着护士讲故事。忽然，门开了，是苏迪乌麦！

病痛的委屈和对妈妈的思念瞬间爆发，嘴角向下一撇，长睫毛忽闪几下，男孩"哇——"地放声大哭。

放下手中的大包，苏迪乌麦奔向男孩。出事后，她也病倒了，一有好转，就来乌鲁木齐看儿子。

母子俩额头相抵，苏迪乌麦泪如泉涌。男孩伸出左手，摸摸红润润、打着支架的右臂："妈妈不哭，你看，我的胳膊正慢慢长好。这里的医生叔叔和护士姐姐对我可好了。"

翻身、擦背、防压疮、喂水、喂饭、送玩具、陪玩、陪聊、陪锻炼……在男孩眼里，护士阿比达·阿里木就像妈妈。

23:00，刚下手术台的黎立顾不上喝口水，就来查看男孩的情况。

见到救命医生，苏迪乌麦哽咽了。她从大包里掏出一袋干果，塞到黎立手中："谢谢！谢谢你们救了我的孩子！"

"为了救孩子，飞机都能叫回来，医生和护士就像亲人。我们的国家太好了，生活在这里太幸福了！"苏迪乌麦说。

"和田断臂男孩获救"的消息冲上热搜后，万千网民关注着男孩的动态，为他打气；主治医生的社交账号"爆"了，素不相识的网民送上了几万句"感谢"；乡亲们、"访惠聚"驻村工作队自发捐款，期盼小巴郎"满血"归来……

因为手是改变世界的有力部分，所以断臂的故事总是与力量有关。而这一次，人们用爱填补残缺。那条重新"长"出来的手臂，给了7岁男孩走向未来的最大底气。

（引自《新疆日报》，2021年5月12日）

　　本篇通讯通过扎实采访和洗练文字，紧扣断肢再植"黄金8小时"这一时间节点，将时间倒推，精确到分钟，可谓"步步惊心"；采用短句子、快节奏、小段落的写作方式，将救助过程刻画得惊心动魄、跌宕起伏，使人身临其境、揪心难忘；前半程的"急"与后半程的"暖"交织，大量细节展现出人性的光辉和道德的力量，集中展示了新疆人民铸牢中华民族共同体意识、手足相亲、守望相助的生动画面。

【示例二】解说词

红嘴相思鸟

　　红嘴相思鸟体形似雀，大体呈橄榄绿色，两翅飞羽的边缘镶有金色线条，并有两块红色斑点，颏喉均灰黄色。雄鸟的胸部呈炫耀的橙色，眼的四周有白色眉纹，嘴呈红色，故又名红嘴鸟。红嘴相思鸟全身羽色鲜丽多彩，鸣声清脆柔美，行动敏捷，常雌雄成对活动。因此，红嘴相思鸟象征永远相好、白首偕老。

评 析

　　这则解说词语言简练，通俗易懂。它不仅概括地介绍了红嘴相思鸟的外形、颜色、生活习性等，而且写明了红嘴相思鸟的象征意义。

素养提升

将小我融入大我　将青春献给祖国

　　2022年7月21日，中共中央宣传部举行"奋进新征程 建功新时代"系列中外记者见面会首场活动。5位投身基层的高校毕业生代表围绕"激昂青春 筑梦基层"与中外记者见面交流，介绍用实际行动诠释将小我融入大我、将青春献给祖国的情况和感受。

　　"之所以回农村，是因为我自己来自农村，想用学习到的农业技术知识改变农村贫困面貌。"重庆市荣昌区吴家镇双流村第一书记杨媚，从四川农业大学毕业后，扎根基层，成为村民致富的引路人。

　　双流村是蔬菜种植基地，曾经种植技术落后，农户收入低。大棚蔬菜上市早、产量高，但村里没人愿意建。于是，杨媚挨家挨户做工作，自己流转土地做示范。不到4个月，蔬菜上市，收益是露地种植的2～3倍。"大家切切实实看到好处，就跟着一起干。"杨媚表示，如今双流村有100余户村民建起600余亩（40余公顷）蔬菜大棚，建立了专业合作社，村民收入大大增加。

　　"90后"山东姑娘崔久秀，2014年毕业于曲阜师范大学，选择到南疆工作。她把新疆当家乡，先后在社区、乡镇、农场等多个岗位锻炼，目前担任喀什地区岳普湖县副县长。

　　"为什么到边疆、到基层？我常常被问到这类问题。"崔久秀出生在沂蒙山一个小山村，家庭条件不好，靠国家助学贷款、助学金等才完成大学学业。"我满怀感恩，立志做对社会有用的人。"她说。

　　为下岗职工办专业合作社，为各族孩子开"红领巾小课堂"，为老人建"幸福养老苑"，帮助当地青年创业……这些年，崔久秀努力办实事、积极服务群众，被当地群众亲切地称为"小崔古丽"。

　　除了谈选择、说理想，几位代表分享最多的便是收获和成长。陕西省铜川市耀州区石柱镇上安小学校长陶建刚，毕业于西安文理学院。他曾在当地支教，因学生家长一句"孩子很喜欢你，你能不能留下来"而决心留在革命老区，投身乡村教育。

　　近年来，他一点一滴推进红色书香进校园，开展每周讲红色故事、每学期进行红色研学等活动，创造性地探索红色课程、红色基地建设。"有位同学学习成绩一般，缺乏自信，我鼓励她当'小红星讲解员'。经过数十次练习，她能有声有色地讲述很多红色故事，在区里多次获奖。"陶建刚表示，把一名名学生培养成新时代少年是他在乡村小学最大的收获。

　　从贵州医学院毕业后，雍朝斌到基层医院从事护理工作。多年来，她锻炼在一线、成长在基层：脱贫攻坚时，申请到偏远山村任驻村第一书记；两年前，请战赶赴武汉……

　　如今，雍朝斌任贵州省织金县医保中心主任。"欠发达地区基层医疗条件是弱项，急需医务人员。我们在基层成长迅速，业务技能不断提高。"她希望更多医学专业毕业生到基层锻炼，用所学所长守护群众生命健康。

　　近年来，高校毕业生就业受到社会高度关注，今年应届毕业生人数再创新高。见面会现场，大家积极建言，鼓励广大高校毕业生改变择业观、就业观，通过踏踏实实的工作实现自己的人生理想。

　　北京理工大学毕业生史晓刚，科技创业多年，从事纳米光栅波导光学显示器件等研发和成果转化，30岁出头已是正高级工程师，担任一家AR（增强现实）领域科技企业董事长。"一些大学生刚毕业时容易迷茫，我非常理解，因为我也是从那时候过来的。"史晓刚建议，大学生一是把自己对某件事的热爱和兴趣转化为驱动力，拿出十年磨一剑的决心精耕细作，二是把个人理想追求融入党和国家事业。"感兴趣的高校毕业生可以通过创新创业实现人生和社会价值，为国家科技事业贡献自己的青春力量。"

　　据中宣部新闻发言人介绍，系列记者见面会将邀请"时代楷模""最美人物"、优秀志愿者代表。其中，"最美人物"由中宣部会同有关部门推荐，2014年以来发布了"最美科技工作者""最美职工""最美基层民警"等20个系列。此次参加中外记者见面会首场活动的，就是近年来获得"最美基层高校毕业生"称号的代表。

（引自《人民日报》，2022 年 7 月 22 日）

问题：

我们应如何利用自己的专业报效祖国？

学以致用

1. 新闻应具备的要素是什么？
2. 广播稿的特点和写作要求分别有哪些？
3. 如何理解演讲稿的特点？
4. 演讲稿写作在语言上应注意什么？
5. 通讯和新闻有哪些异同？

6. 解说词有哪些种类，各有什么特点？

7. 请你阅读以下新闻，然后回答问题。

苏格兰首席植物学家称
应肯定中国的环保努力

环保人士常说，随着工业化的加速，中国会对世界环保构成威胁。然而，苏格兰的首席植物学家、英国爱丁堡皇家植物园主任斯蒂芬·布莱克默教授却不这样认为。

他说："中国已把环保作为一个重要任务来抓。他们研究学习世界上最好的环保案例，而且研究方法也很科学。"

布莱克默教授与来自爱丁堡、英国邱园皇家植物园和自然历史博物馆的植物学家们组成一个官方代表团对中国进行了考察。在他的指导下，中国已在云南省建立了一个旨在促进该地区生物多样性的野外基地。

中国的植物种类有 3 万多种，几乎占全世界植物种类的1/8。这些植物种类在维持生态系统平衡方面起到了不可或缺的作用。布莱克默教授说，中国已制订了一个保护高山植物的生物多样性行动计划。中国政府还实施了"百名人才工程"，吸引年轻的、受过相关教育的科学家。

布莱克默教授对中国环保非常乐观。他意识到了中国经济发展所造成的环境问题，但他说："我敢肯定地说，中国已意识到了挑战，正在全力寻找解决问题的办法。"

（1）一般来说，新闻可分为动态新闻、综合新闻、经验新闻、述评新闻、人物新闻等，本篇新闻属于_____。

（2）本文导语概括的主要事实是_____。

（3）这篇新闻主体的结构形式是_____结构。

8. 请你自选素材试写一篇 500 字左右的广播稿。

9. 请你撰写一篇不少于 800 字的演讲稿，题目自拟。

规矩成就方圆

国有国法，家有家规。不同性质的事件在法律上会有不同的解决程式及途径。本篇介绍相关法律文书的基本知识和书写格式，以便学生更好地保障自身的合法权益。

1. 掌握起诉状、上诉状、申诉状和答辩状的基础知识和写法，能知法、懂法，熟悉和掌握法律工具，树立法治意识。
2. 学习模范人物的先进事迹，弘扬社会主义法治精神，增强法治观念。

第一课　法律应用文概述

1. 了解法律应用文的概念和作用。
2. 了解法律应用文的种类。

一、法律应用文的概念和作用

法律应用文是指国家司法机关或法律授权的专门组织、当事人在处理各项法律事务时，依法制作的具有法律效力或法律意义的文书总称。法律应用文有统一的、固定的格式，行款严格，用语严谨，必须尽量使用固定用语，并注意以事实为根据，以法律为准绳。一些诉讼文书的格式为统一印制。

二、法律应用文的种类

法律应用文可分为诉讼文书、准诉讼法律文书和非诉讼法律文书三大类。

（1）诉讼文书。它是指在诉讼过程中用于起诉和应诉的法律文书。诉讼文书与诉讼行为相伴而生，在诉讼活动中具有重要作用。

（2）准诉讼法律文书。它是指与诉讼相关但并不直接针对诉讼中当事人实体权利和义务的法律文书，如撤诉申请书、执行申请书等。

（3）非诉讼法律文书。它是指适用于诉讼以外的法律事务的法律文书。

第二课　起诉状

应知导航

1. 了解起诉状的概念、作用及种类。
2. 掌握起诉状的写作格式及写作要求。

知识探究

一、起诉状的概念和作用

1. 概念

起诉状是指当事人认为自己的合法权益受到侵害或与他人发生争议时，为了维护和实现自身的合法权益，依据事实和法律，按照法定程序，向人民法院提起诉讼时撰写的法律文书。

2. 作用

（1）起诉状是诉讼程序开始的前提。

（2）起诉状是人民法院立案和裁决的重要基础，人民法院的调查、取证、研究工作是以起诉状提出的事实为基础展开的。

（3）起诉状是被告应诉答辩的根据。

二、起诉状的种类

起诉状根据诉讼主体和案件性质的不同，可分为民事起诉状、行政起诉状、刑事起诉状和刑事附带民事起诉状。

1. 民事起诉状

民事起诉状是指民事案件的原告或其诉讼代理人，为维护原告的民事权益，就有关民事权利和义务的争议或其他民事纠纷，向有权受理本案的第一审人民法院起诉，要求依法审理而撰写的法律文书。

2. 行政起诉状

行政起诉状是指公民、法人或其他组织认为行政机关的具体行政行为侵犯了其合法权益，请求人民法院依法公正裁决，向人民法院提起行政诉讼时撰写的法律文书。

3. 刑事起诉状

刑事起诉状分为刑事自诉状和刑事公诉状两种。刑事自诉状是指刑事自诉案件的被害

人或其法定代理人为追究被告的刑事责任，根据事实和法律，直接向人民法院控告被告时撰写的法律文书。刑事公诉状是指公诉人（检察机关）代表国家为指控犯罪、追究被告的刑事责任，向人民法院提起公诉时撰写的法律文书。

4. 刑事附带民事起诉状

刑事附带民事起诉状是指有权提起附带民事诉讼的人向人民法院提起民事诉讼时撰写的法律文书。

写作指南

一、起诉状的写作格式

各类起诉状的写法和格式大致相同，只是对于事实和理由的叙述及具体的诉讼请求不同。以下从总的方面讲述起诉状的基本写法，不再分类阐述。

起诉状由首部，诉讼请求，事实和理由，证据和证据来源、证人姓名和住所，尾部五部分组成。

1. 首部

首部包括标题和当事人基本情况两部分。

（1）标题。标题即起诉状的名称，要根据起诉状的类别确定标题，如"民事起诉状""刑事起诉状""刑事附带民事起诉状"等。标题写于文头正中。在标题中不写起诉主体名称和起诉事由。

（2）当事人基本情况。当事人包括原告和被告两部分，要按照先原告、后被告的顺序，写明当事人的姓名、性别、年龄、民族、职业、工作单位、住所、联系方式等。当事人是多人的，要依次写明，有几个写几个。如有原告诉讼代理人，诉讼代理人的信息要在原告的下一行。如被告是法人或其他组织，应写明其名称、住所等信息。法人或其他组织如果提起诉讼，应写明其名称、住所和法定代表人或主要负责人的姓名、职务、联系方式等。

2. 诉讼请求

这是起诉状的重要组成部分，要求写明原告诉讼的目的和要求，如请求法院裁定被告赔偿损失、给付赡养费、履行合同等。

3. 事实和理由

这既是起诉状的主体，也是提出诉讼请求的重要依据。写作时一般先写事实，后写理由，所用的论证方法就是摆事实、讲道理。

（1）事实。摆事实，就是要写明被告侵权行为的具体事实，原告与被告之间发生权益之争的具体内容，以及被告应承担的责任。所谓具体事实、具体内容，就是发生权益争议的时间、地点、起因、情节等。在叙述事实时还要注意列举各种证据，证明事实属实。

（2）理由。陈述理由，就是要分析事实，判断证据，认定被告侵权行为或与之争议的合法权益的性质、所造成的后果及应承担的责任，并引用适当的法律条文，用以说明原告提出诉讼是有根有据、合情合理合法的。

理由陈述完后，可用一两句话作为结语，如"为此，特向你院提起诉讼，请依法判决"，也可扼要概括全文，重申自己的诉讼请求。

4. 证据和证据来源、证人姓名和住所

过去有的起诉状把这部分内容放在事实和理由部分中，而最高人民法院办公厅制定的起诉状样式将此项内容从事实和理由中分离出来，单列一项。

这部分内容要求在写清事实后，详尽地提供能说明事实真相的实证材料，特别要写清楚证据的来源、证人的姓名和住所。

5. 尾部

尾部内容由三部分组成，具体如下。

（1）送交法院名称。文尾空两格写"此致"，然后另起一行顶格写"××法院"。

（2）附项。在送交法院名称之后，另起一行空两格写附项的内容。

（3）具状人签名盖章与日期。签名盖章与日期分两行列于附项右下部，签名盖章在上，日期在下。

民事起诉状的样式如图4-1所示。

民事起诉状

原告：_____

法定代理人/指定代理人：_____

委托诉讼代理人：_____

被告：（以上写明当事人和其他诉讼参加人的姓名或者名称等基本信息）

_____

诉讼请求：_____

_____

事实和理由：_____

_____

证据和证据来源，证人姓名和住所：_____

_____

此致

_____人民法院

附：本起诉状副本 × 份

起诉人（签名或盖章）：_____

_____年____月____日

注：① 本样式供公民提起民事诉讼时使用。
② 原告是无民事行为能力或者限制民事行为能力人的，应当写明法定代理人姓名、性别、出生日期、民族、职业、工作单位、住所、联系方式，在诉讼地位后括注与原告的关系。
③ 起诉时已经委托诉讼代理人的，应当写明委托诉讼代理人的基本信息。
④ 起诉状应当由具状人签名。

图 4-1　起诉状的样式

刑事自诉状的样式如图 4-2 所示。

刑事自诉状

自诉人：（姓名、性别、出生日期、民族、籍贯、职业或工作单位和职务、住址等）

_____

被告：（姓名、性别等情况，出生日期不详者可写其年龄）

_____

案由和诉讼请求：（被告被控告的罪名和具体的诉讼请求）

_____

事实和理由：（被告犯罪的时间、地点、侵害的客体、动机、目的、情节、手段及造成的后果。有附带民事诉讼内容的，写在被告的犯罪事实之后。理由应阐明被告构成的罪名和法律依据）

_____

证据和证据来源，证人姓名和住址：（主要证据及其来源，证人姓名和住址。如果证据、证人在"事实和理由"部分已经写明，则此处只需点明证据名称、证人详细住址）

_____

此致
_____人民法院
附：本自诉状副本_____份

自诉人（签名或盖章）：_____
代书人（签名或盖章）：_____
_____年___月___日

图 4-2　刑事自诉状的样式

二、起诉状的写作要求

1. 实事求是

人民法院审理案件是以事实为依据的，因此撰写起诉状必须实事求是。在陈述纠纷事实时，要全面、客观、实事求是，不能为求胜诉而歪曲事实。

2. 援引法律准确、适当

案件的诉讼与裁定都是以法律为准绳的，因此起诉状的写作必须依据法律的有关规定，不能偏离或背离法律规定，也不能提出不适当的诉求。

3. 诉讼请求明确具体

诉讼请求是原告请求法院解决纠纷所要达到的目的，因此它必须明确具体。原告如果有多项请求，应分条列清每一项请求。起诉状叙述应准确、简洁，层次分明，逻辑性强，不要写无关内容。

4. 重点突出，抓住要害

起诉状的写作要主次分明，重点突出，要突出最能反映被告违法行为的实质和所造成的后果，强调被告应负的法律责任。

起诉状的说理应做到观点鲜明，证据确凿，分析中肯，一语破的。

刑事附带民事起诉状如图 4-3 所示。

刑事附带民事起诉状

原告：（姓名、性别、出生日期、职业、民族、籍贯或工作单位、住址、电话）

_____

被告：（姓名、性别、出生日期、职业、民族、籍贯或工作单位、住址、电话）

_____

案由：（罪名、赔偿）_____

诉讼请求：

1. 依法追究被告 ×× 的刑事责任；

2. 请求被告赔偿损失费 ×× 元。

事实和理由：（写明整个案件的起因、经过、造成的后果等，并根据法律和法规，列出追究被告的刑事责任和要求赔偿的依据）

此致

_____人民法院

附：1. 本诉讼状副本_____份；

2. 相关证据情况。

原告（签名或盖章）：_____

_____年____月____日

图 4-3　刑事附带民事起诉状的样式

知识拓展

【示例一】民事起诉状

民事起诉状

原告：××，男，40 岁，汉族，×× 矿业集团 ×× 煤矿职工，住 ×× 矿业集团 ×× 煤矿北二宿舍。

被告：×× 矿业集团陶庄煤矿。

法定代表人：××，矿长，住 ×× 市 ×× 住宅小区 × 楼 × 号，电话：×××××××××××。

诉讼请求：

1．被告安排原告适当工作；

2．被告支付原告一次性伤残补助金10600元；

3．被告为原告补缴养老保险费、失业保险费、医疗保险费、工伤保险费；

4．被告补发其克扣原告的工伤津贴及伤残待遇；

5．被告承担本案诉讼费用。

事实和理由：

2013年12月，原告与被告建立劳动关系，在被告煤矿井下从事采煤工作。原告与被告建立劳动关系期间曾经受三次工伤。2015年5月，原告在井下采煤时致右腕骨骨折；2016年9月，原告在井下采煤时被煤矿石砸致右侧第8根肋骨骨折；2017年11月，原告在井下采煤时被煤矿石砸致右骶骨骨折。由于原告伤势严重无法从事工作，被告安排原告在家休养。2019年9月26日，被告为原告进行伤残鉴定，原告构成五级伤残。2022年5月，被告在××矿业集团××矿医院对原告的伤残做了复检，2022年10月31日通知原告复检结果为七级伤残。2022年11月4日，原告领取工资时，被告称从2022年10月起不再支付原告工伤待遇。2022年11月17日，原告到××市劳动争议仲裁委员会申请仲裁。2023年1月12日，××市劳动争议仲裁委员会给原告送达了"（2022）×劳裁字第97号裁决书"。

综上所述，原告与被告劳动关系已经建立，原告在工作中受到的人身损伤已经构成工伤。被告不能解除与原告的劳动合同，原告依法应当享受伤残待遇。为此，根据《中华人民共和国劳动法》的规定，特请求贵院对原告上述诉讼请求依法判处。

证据和证据来源，证人姓名和住所：

××矿业集团××矿医院伤残鉴定复印件1份，系××矿业集团××矿医院提供。"（2022）×劳裁字第97号裁决书"复印件1份，系××市劳动争议仲裁委员会提供。

此致

××市××区人民法院

附：1．本起诉状副本1份；

2．书证2份。

起诉人：××

××××年××月××日

评　析

起诉状内容完整，格式规范。诉讼请求明确，清晰地叙述了事实和理由，并援引法律条文，有理有据。

【示例二】刑事自诉状

刑事自诉状

自诉人：刘大，男，1954年4月13日出生，汉族，××市××县××镇人，小学文化，××镇第一生产队农民，住该镇××村。

被告：刘一，男，1977年9月20日出生，汉族，××市××县××镇人，中学文化，××镇第一生产队农民，住该镇××村。

被告：刘二，男，1979年2月8日出生，汉族，××市××县××镇人，中学文化，××镇第一生产队农民，住该镇××村。

案由和诉讼请求：

被告刘一和被告刘二犯虐待罪，请求人民法院依法惩处其犯罪行为。

事实和理由：

自诉人与被告刘一、刘二是父子关系，自2021年6月以来，自诉人因年老多病，不能参加劳动，需要子女抚养。被告刘一、刘二不但不尽赡养老人的法律义务，反而对自诉人特别嫌弃，经常打骂。2021年8月25日，被告刘一与其妻子吵架，迁怒于自诉人，将自诉人推倒在地，以致自诉人头部受伤。2021年10月13日，由于自诉人阻止被告刘二去赌博，被刘二锁在家中长达17个小时，其间自诉人一直没饭吃。2021年年底，自诉人因为身体上和精神上饱受两个被告的伤害而得了哮喘。2022年1月31日，两个被告对自诉人不闻不问，自诉人到被告刘一家送压岁钱给孙子，却被刘一辱骂；后自诉人到被告刘二家，受到了类似的无礼对待。

以上事实有医院诊断书，证人刘三、刘四、李×、郑×的证言证实。

被告刘一、刘二不但不尽赡养义务，反而打骂、禁闭自诉人，且不给其治病，情节极为恶劣，这对自诉人的身体和精神造成了很大的伤害。这些行为已经明显触犯了《中华人民共和国刑法》第二百六十条，构成虐待罪。依照《中华人民共和国刑事诉讼法》的规定，特向贵院提起刑事自诉，请依法判处、追究两个被告的刑事责任。

证据和证据来源，证人姓名和住所：

××县人民医院诊断书复印件1份，系××县人民医院提供。证人证言共4份，系刘三、刘四、李×、郑×书写。

证人：刘三，住××市××县××镇××村；刘四，住××市××县××镇××村；李×，住××市××县××镇××村；郑×，住××市××县××镇××村。

此致

××县人民法院

附：1. 本自诉状副本2份；

2. 书证5份。

自诉人：刘大

××××年××月××日

评 析

本自诉状格式规范，内容完备。首先，"案由和诉讼请求"部分用一句话表明了案由和起诉意图；其次，叙述事实紧扣犯罪构成要件，将两个被告虐待老人行为的非法性描述了出来；最后，援引部分法律条文，有理有据。

第三课　上诉状、申诉状和答辩状

应知导航

1. 了解上诉状、申诉状、答辩状的概念及写作格式。

2. 掌握上诉状与申诉状的作用。

知识探究

一、上诉状、申诉状和答辩状的概念

上诉状是诉讼当事人或其法定代理人因为不服一审判决、裁定，依法定程序，在上诉期限内，向上一级法院提出请求撤销、变更裁判内容或请求重新审理的诉讼文书。上诉状分为刑事上诉状、民事上诉状和行政上诉状三种。

申诉状是诉讼当事人或其法定代理人、被害人或其近亲属，对已发生法律效力的判决、裁定认为确有错误，依法向人民法院或检察院提出请求重复审查的诉讼文书。申诉状也分为刑事申诉状、民事申诉状和行政申诉状。

答辩状是民事、刑事案被告或被上诉人，针对起诉人或上诉人所提出的事实、理由及诉讼请求，进行回答或辩解时使用的诉讼文书。答辩状分为民事答辩状和刑事答辩状。

> **小贴士**
>
> **民事上诉的时间规定**
>
> 《民事诉讼法》第一百七十一条
>
> 当事人不服地方人民法院第一审判决的，有权在判决书送达之日起十五日内向上一级人民法院提起上诉。
>
> 当事人不服地方人民法院第一审裁定的，有权在裁定书送达之日起十日内向上一级人民法院提起上诉。

二、上诉状、申诉状和答辩状的作用

1. 上诉状的作用

（1）上诉状是启动诉讼二审程序的前提。

（2）上诉状是第二审人民法院对第一审人民法院在案件判决裁定时的事实认定、法律条文运用、审判程序执行等方面进行重新审理的依据。

（3）上诉状是当事人保护自己合法权益的重要手段。

2. 申诉状的作用

（1）申诉状用来纠正已发生法律效力的错误判决或裁定。

（2）申诉状是运用法律手段维护法律尊严的有效措施。

（3）申诉状是保护申诉人合法权益的重要手段。

3. 答辩状的作用

（1）答辩状用于被告或被上诉人对起诉状或上诉状中的无理之处或错误事实进行反驳，有利于法院查清案情，公正判决或裁定。

（2）答辩状是保护被告或被上诉人合法权益的重要手段。

（3）答辩状有利于维护法律公正。

写作指南

上诉状、申诉状和答辩状均由首部、正文、尾部和附项组成。

一、上诉状的写作格式

1. 首部

上诉状的首部包括以下两部分内容。

（1）标题。根据实际情况，在上诉状的第一行居中写"刑事上诉状"或"民事上诉状"或"行政上诉状"。

（2）当事人的基本情况。当事人的基本情况包括上诉人的姓名、性别、年龄、民族、籍贯、职业或职务、工作单位或住址，被上诉人的姓名、性别、年龄、民族、籍贯、职业或工作单位和职务、住址。如果上诉人有法定代理人，应在列完上诉人的基本情况后，另起一行列写法定代理人的基本情况并注明与上诉人的关系。公诉案件只列上诉人的基本情况。

2. 正文

上诉状的正文包括案由、上诉请求和上诉理由。

（1）案由。案由需写明何人因何案，不服法院何字号的判决、裁定而提起上诉。

（2）上诉请求。上诉请求主要写明上诉人不服原审判决、裁定，要求第二审法院撤销、变更原审判决、裁定，或者请求重新审理。对于"不服"，应写明是全部不服还是部分不服原审判决、裁定。这部分写作应有针对性，内容要明确、具体，不要含糊其词。

（3）上诉理由。这是上诉状的核心部分，上诉理由写得充分与否，直接关系着上诉请求能否实现。这部分是针对原审判决、裁定的不当之处，进行有理有据的论述，实质上是对原审判决的驳论。它大体可以从以下几个方面展开。

① 原审判决认定事实错误或证据不足。

② 原审判决适用法律不当。

③ 原审判决违反程序法，在执行程序上存在问题。

3. 尾部和附项

尾部写明致送机关，即正文下面另起一行空两格写"此致"，然后另起一行顶格写法院名称。附项中注明上诉状副本数和证据等。右下方由上诉人签名或盖章并注明时间。

二、申诉状的写作格式

1. 首部

申诉状的首部包括以下两部分内容。

（1）标题。根据实际情况，在申诉状的第一行居中写"刑事申诉状"或"民事申诉状"或"行政申诉状"。

（2）申诉人的基本情况。与上诉状类似，申诉人的基本情况包括姓名、性别、年龄、民族、籍贯、职业或工作单位和职务、住址。刑事案件中的申诉人如果在押，需在基本情况后面写上现押处所。申诉人如果不是被告本人，而是被告的辩护人、亲属或其他公民，需在基本情况后面写清申诉人的姓名、职业及同被告的关系。民事案件当事人申诉的，还应将对方当事人，即被申诉人的基本情况写明。行政案件的当事人申诉的，则要写明被申诉机关的名称，法定代表人的姓名、职务等。

2. 正文

申诉状的正文包括以下三部分内容。

（1）案由。案由需写明何人因何案不服法院何字号的判决、裁定而提起申诉。

（2）申诉请求。申诉请求要简单明白地把请求人民法院要解决的问题、要达到的申诉目的表示出来，如要求撤销、变更原案，要求再审以纠正原判中的错误。

（3）申诉理由。这是申诉状的核心部分，一般需要从以下几个方面展开。

① 摆清申诉事实，做到全面、真实和准确。

② 列示同自己请求目的相符的人证、物证、书证。

③ 说明法律适用的情况，要看原判适用法律是否得当，也要看原判是否违反诉讼程序。

3. 尾部及附项

申诉状的尾部及附项同上诉状。

民事上诉状的样式如图4-4所示。

民事上诉状

上诉人：_____

被上诉人：_____

上诉人因_____一案，不服_____人民法院（____）字第____号判决书的判决，现提出上诉。

上诉请求

上诉理由

此致

_____人民法院

附：本上诉状副本____份

上诉人（签名或盖章）：_____

_____年___月___日

注：① 本上诉状供民事案件的公民当事人对一审判决、裁定不服提起上诉用，用钢笔或毛笔书写。

② "上诉人""被上诉人"栏均应写明姓名、性别、出生日期、民族、籍贯、职业或工作单位和职务、住址等。被上诉人是法人、其他组织的，应写明其名称、地址、法定代表人或代理人姓名。

③ 上诉状副本份数，应按被上诉的人数提交。

图4-4 民事上诉状的样式

申诉状的样式如图 4-5 所示。

申诉状

申诉人：_____

_____

申诉人_____对_____人民法院（____）字第_____号判决、裁定表示不服，现提出申诉。

申诉请求

_____

_____

申诉理由

_____

_____

此致

_____人民法院

附： 本申诉状副本____份

申诉人（签名或盖章）：_____

_____年____月____日

注： ① 本申诉状供对各类案件提出申诉时使用，用钢笔或毛笔书写。

② 申诉人系公民的，应写明姓名、性别、出生日期、民族、籍贯、工作单位和职务、住址等；系法人或其他组织的，应写明名称、地址、法定代表人或代理人姓名和职务。

③ 申诉人若为法人或其他组织，则应在落款处写明全称，由法定代表人或代理人签名，加盖单位公章。

图 4-5　申诉状的样式

三、答辩状的写作格式

1. 首部

答辩状的首部包括以下两部分内容。

（1）标题。根据具体案件写明"民事答辩状"或"刑事答辩状"。

（2）答辩人的基本情况。答辩人应写清楚自己的姓名、性别、年龄、民族、籍贯、职业或工作单位和职务、住址等。答辩人如果是法人或其他组织，则要写明单位全称、地址、法人代表的姓名和职务。

2. 正文

答辩状的正文包括以下三部分内容。

（1）案由。案由需写明因何人上告何案件而提出答辩。一审答辩状用"因原告×××诉我×××案，现答辩如下"；二审答辩状用"因××不服×××人民法院××字第××号判决，提起上诉一案，现答辩如下"。

（2）答辩理由。这是答辩状的主体部分。这里要明确地回答原告的诉讼请求，阐明自己对案件的主张和理由。针对原告在起诉状或上诉状中所列举的错误事实，或者对方在适用法律条款上的不当之处，进行具体答辩。

（3）答辩意见。在阐明理由的基础上，通过总结、归纳等方式明确提出答辩意见，具体包括：① 找出有关法律条文，证明自己的答辩是有法律依据的；② 依据所列正确事实，说明自己法律行为的合理性。在此基础上请求人民法院依法进行最后裁决。

3. 尾部及附项

正文下面另起一行空两格写"此致"，然后另起一行顶格写法院名称。附项写明答辩状副本数、书证数、物证数。右下方由答辩人签名或盖章并注明时间。

民事答辩状的样式如图4-6所示。

民事答辩状

答辩人：_____

_____

因_____一案，现提出答辩如下：

_____

_____

_____

_____

_____

　　此致

_____人民法院

附： 本答辩状副本____份

　　　　　　　　　　　　　　答辩人（签字或盖章）：_____

　　　　　　　　　　　　　　　　　　_____年____月____日

注：① 本答辩状供公民对民事起诉提出答辩时使用，用钢笔或毛笔书写。
　　② 答辩人应写明自己的姓名、性别、出生日期、民族、籍贯、职业或工作单位和职务、住址等。
　　③ 答辩中有关举证事项，应具体写明证据和证据来源。
　　④ 答辩状副本份数，应按原告的人数提交。

图4-6　民事答辩状的样式

知识拓展

【示例】上诉状

刑事上诉状

上诉人（原审被告）：陈××，男，汉族，47岁，××省××市××县人，农民，住××省××市××县××乡××村，现羁押在××县看守所。

上诉人因过失杀人案，不服××县人民法院2022年××月××日（2022）××法刑初字第×号刑事判决，现提出上诉。

上诉请求

请求××市中级人民法院依法撤销××县人民法院（2022）××法刑初字第×号刑事判决，宣告上诉人陈××无罪。

上诉理由

我与死者朱××同住一村，平日虽无密切往来，但也无冤无仇。这次事件的发生过程是我路过他家门口时，他家的狗追出来咬我，我拣了路边的石头朝狗打去；死者见状，便对我进行无理辱骂，说我"打狗欺主"，并叫喊要跟我"没完"；在争辩中，我用石头打了一下他的腿；被打后，他急忙往家跑，看样子是回家取凶器；因跑急了，他在上门口台阶时，一跤跌倒，头部碰在石阶的边角上，致脑溢血死亡。他的死，虽和我吵架有联系，但对于这种后果的发生，我一无故意，二无过失。他的死，实属意外。《刑法》第十六条明确规定："行为在客观上虽然造成了损害结果，但是不是出于故意或者过失，而是由于不能抗拒或者不能预见的原因所引起的，不是犯罪。"对照本案案情，我的行为不构成犯罪。而一审判决却认为，死者的死亡是由于我在后边"紧追不放"。一审判决还认为，对于被害人朱××在前边急跑，可能摔倒致伤、致死的后果，我"应当预见而没有预见"，存在一定的过失。这些认定都是错误的。首先，我并没在后边"紧追不放"，在厮打中，双方都有进退，当我发现他不是进，而是往家跑时，我并没有追赶。至于他摔倒造成的后果，更无从谈起我"应该预见而没有预见"。一审判决这样牵强附会地认定我犯有过失杀人罪，一不符合事实，二不符合法律规定。这样的判决是错误的，因此，我提出上诉，请求二审法院查明事实，依法宣告我无罪，维护我的合法权益。

此致

××市中级人民法院

附：本上诉状副本一份。

上诉人（原审被告）：陈××

2022年××月××日

评　析

上诉人不服一审刑事判决，认为自己一无故意，二无过失，死者之死实属意外。该上诉状能针对上诉观点进行充分论证，驳斥原审判决确认的过失杀人罪，反论论据充足，具有一定力度，故最终提出"依法宣告我无罪"就显得合情合理。

女律师陈贤：在边疆播撒法治阳光

"我愿发扬不怕吃苦、顽强拼搏、无私奉献的精神，让法治的阳光照亮雪域高原的每一个角落。"安徽首位援藏女律师陈贤，第一次报名参加"1+1"中国法律援助志愿行动时发出誓言。

5年来，陈贤放弃高薪，不顾病痛，辗转西藏、内蒙古、新疆地区，为困难群众提供法律援助，共计办结法援案件600余件，为当事人挽回经济损失1000余万元。2015年7月，她的丈夫曹旭也加入支边队伍。他们成为"1+1"中国法律援助志愿行动中的首对夫妇律师。

放弃高薪　边陲为家

1972年出生的陈贤，读高中时因父亲早逝面临辍学，靠学校师生捐款渡过难关。成为律师后，回报社会成为她的心愿。2014年7月，陈贤舍弃高薪收入，奔赴边陲。

陈贤最初援助的西藏昌都市卡若区平均海拔3500米。她刚到这里时鼻子出血，全身过敏，双腿被抓得鲜血淋淋。

"最难克服的是想家。""移师"新疆后，陈贤把从老家背来的多肉植物摆放在宿舍窗台前。"想家了就和它们说说话。"

"这样无偿的志愿活动，一干就是5年多，了不起。"新疆乌鲁木齐经济技术开发区(头屯河区)劳动人事争议仲裁院院长陈勤表示，在陈贤到来之前，虽然院里设有法援岗位，但因位置偏、收入少，并没有律师愿意前来。

法援期间，陈贤还经常自掏腰包帮助贫弱群体。"看见几个农民工被欠薪，身无分文回不了老家，陈贤当时就拿出3000元钱给他们。"西藏昌都市卡若区司法局局长向秋回忆。

争分夺秒　源头化解

"我能为他们多做点什么？"陈贤不断问自己。

一位藏族少年因没钱上网抢劫被抓，虽在陈贤的帮助下被判缓刑，却被学校拒之门外。得知消息后，陈贤坐了40多分钟的车来到学校，"盯着校长不放"，劝说3个多小时，校方终于答应接收该少年。得知儿子能重返校园，少年的母亲激动地给陈贤献上哈达。

法援律师的主要责任是提供法律咨询与诉讼代理。陈贤不仅解决案件本身，还处处为当事人着想，尽力从源头化解纠纷。

一次，在办理内蒙古乌拉特中旗一位老人被继子侵占房屋案件时，开庭前两天，陈贤失眠了，"开庭会更加激化这个家庭的矛盾"。琢磨再三，她找到庭审法官，选择了反复调解。"多亏陈律师，要是闹上法庭，家就散了。"这位80多岁的老人回忆起往事，感激地说。

这样的例子数不胜数。

为了帮助更多人，陈贤"与时间赛跑"，上班时甚至尽量不喝水，"去一趟厕所几分钟，几次下来浪费咨询时间。"一年365天，回家探亲时间不足15天。靠着这些"抢来"的时间，陈贤援藏1年间，办结案件58件。

不忘初心　播撒阳光

在法援的日子里，陈贤发现不少边疆百姓法律意识淡薄且不知道如何保护自我权益后，便开始像着了魔一样下乡普法。"有些道路只容一辆车通过，路的另一边就是万丈悬崖，我常吓得不敢睁眼。"陈贤回忆道。

普法是无偿的，没有办案补贴，也不容易凸显工作量，但陈贤不在意，经常周末跑多个乡。5年多来，陈贤共开展法治宣传与讲座60余场，解答法律咨询5200余人次。

长年高强度工作，加上边疆艰苦的生活条件，陈贤患上了痛风、双肾结晶、双眼白内障等疾病。但她坚定地说："只要身体允许，我会一直援助下去，把法治的阳光播撒到祖国边疆。"

问题：

请你了解一下身边的法律事例，探讨法治对人们生活的影响。

学以致用

1. 什么是起诉状？起诉状由哪些部分组成？
2. 简述民事起诉状和刑事自诉状的组成。
3. 上诉状、申诉状及答辩状的作用各有哪些？
4. 请你根据以下材料，代张女士写一份民事上诉状。

张××，女，××岁，××省××市××县人，住本县××路××号，因离婚一案不服××县人民法院于2023年3月10日（50）民字第××号民事判决，欲向××市中级人民法院提起上诉。原判决是这样的：双方婚姻系父母包办，缺乏感情基础；婚后不久，双方常因一些生活琐事发生争吵和打斗；近年来，女方毫无根据地怀疑男方有外遇，经常到男方工作单位吵闹，以致影响了男方的工作；双方关系日益破裂，夫妻分居已两年；男方提出离婚，法院调解无效；经调查，双方关系确已完全破裂，无法和解，判准离婚。张女士认为原判认定的事实和理由不正确，请求撤销原判，改判不准离婚。①婚姻虽系父母包办，但结婚是建立在其爱人自愿基础上的，没有异议，还有亲友作证。而且结婚已有几年，两人生有一子，在生活中并无大的分歧，不能认定他们没有感情基础。②近一两年来，被上诉人在经济上和生活上对家庭照顾不够，双方是有争吵，但争吵的内容只限于"家庭琐事"。因琐事争吵而判决离婚，于法无据。③张女士到对方单位反映情况，方式上欠妥，但是是为了解决问题，为了和好。④张女士认为被上诉人有外遇也不是原判中所说的"毫无根据"。早在两年前，张女士发现被上诉人与邻居××关系暧昧，后经多方了解及向其他邻居证实，他们的关系确已超出正常的范围。经过张女士的劝解，被上诉人对此有所收敛。

经济是基础

经济应用文写作已成为很多人日常工作的一部分。熟练掌握经济活动中各种相关文体的写作格式及方法，正确撰写经济应用文，有利于及时沟通经济信息，提高经济效益。

1. 了解经济应用文的概念、种类、作用、特点、基本格式、写作方法及要求，培养务实精神。
2. 学法知法守法用法，培养依法决策、依法管理、依法办事的意识。

第一课　经济应用文概述

应知导航

1. 了解经济应用文的概念及种类。
2. 体会经济应用文的特点，掌握经济应用文的写作要求。

知识探究

一、经济应用文的概念

经济应用文是机关、团体、企事业单位在处理经济事务时所使用的文书的总称。

经济应用文

二、经济应用文的特点

1. 客观性

经济应用文写作必须建立在客观事实的基础上。为了充分发挥经济应用文的作用，作者必须准确采集各方面的情况，写作的内容要忠于客观事物的本来面目，即使是营销类的广告，也要建立在事实的基础上，不允许虚构。

2. 效益性

经济应用文是为适应经济管理实践的科学性和效益性而产生的，其写作活动具有鲜明的针对性和突出的目的性。

3. 前瞻性

经济应用文的写作要立足现实，着眼未来。作者在对材料进行分析、研究时既要总结过去工作中的经验或问题，也要对将来可能出现的情况做出正确的分析和科学的预测，以提出切实有效的建议或措施。

4. 专业性

经济活动是一门科学，有其自身的特点和规律。经济应用文作为经济活动的反映和组成部分，其写作要有一定的专业性。一方面，文章的内容应具有针对性和限定性；另一方面，文章的格式具有规范性和特定性。另外，专业术语和统计数据的使用频率也较高。

三、经济应用文的种类

经济应用文在经济领域中的应用非常广泛，常见的种类如下。

（1）报告类：用于总结或分析经济工作的现状或发展趋势，包括市场调查报告、市场预测报告、经济活动分析报告、审计报告等。

（2）方案类：用于为决策者提供决策依据，包括经济决策方案、财经（商业）计划等。

（3）契约类：用于确定经济活动当事人双方的关系、彼此的权利与义务，如经济合同、意向书、招标书、投标书等。

（4）营销贸易类：用于商业伙伴的业务往来及为市场销售服务，力求获得丰厚的销售利润，如商务函件、广告等。

此外，常见的经济应用文还有知识说明类，如说明书。

写作指南

（1）认真学习经济政策和法律，掌握相应的专业知识。经济应用文具有一定的专业性，作者必须加强自身对经济政策、法律知识和专业知识的学习，从而更好地把握经济规律。

（2）熟练掌握经济应用文的规范格式和语言特点。经济应用文在长期实践中大多形成了固定的格式，每一类文种也有一定的语言要求，作者必须熟悉各类文种的表达方法。

（3）深入调查研究，掌握真实、准确的材料。作者要树立深入收集、调查、研究材料的观念。

第二课　意向书

应知导航

1. 了解意向书的概念、种类及特点。
2. 掌握意向书的写作格式及写作要求。

知识探究

一、意向书的概念及种类

意向书是双方通过初步洽商，就各自的意愿达成一致认识而签订的书面文件。它是双方进行实质性谈判的依据，也是签订协议（合同）的前奏。

按照签署方式，意向书可分为单签式意向书、联签式意向书和换文式意向书。其中，最常用的是联签式意向书。

二、意向书的特点

（1）协商性。意向书是双方协商的产物。写意向书多用商量的语气，不带任何强制性。

（2）一致性。意向书表达的是双方一致同意的若干原则性意见，这些意见能反映双方的基本利益和共同愿望。

（3）临时性。意向书是双方在某一阶段谈判的成果，在今后的协商过程中有部分改变或全盘改变的可能。意向书不像协议、合同那样具有法律效力，只是具有一定的信誉约束力。

写作指南

一、意向书的写作格式

意向书由标题、正文和落款三部分组成，书写格式有条文式、表格式和条文表格综合式。

（1）标题。意向书的标题并没有严格的规定，可以只写"意向书"三个字。为了明确、醒目，在"意向书"之前也可加上项目名称，如"合资兴建麦秆草席加工厂意向书""合作举行××××培训意向书"。

（2）正文。意向书的正文由"引言"和"主体"两部分组成。

① 引言。引言分三个层次书写：第一，写明合作各方单位的全称，在名称后面加括号注明"简称甲方""简称乙方"，以便后面的行文；第二，简要介绍合作各方接触的情况，签订意向书的缘由、目的和依据的原则；第三，用"现达成以下意向"或"经友好协商，特就××事宜签订本意向书"等语句，过渡到主体部分。

② 主体。主体一般分条分项地书写达成的意向性意见，即项目所要涉及的最基本的内容要点。除此之外，主体还应包括未尽事宜的洽谈方式及大致的日程安排等，如写明"未尽事宜，在正式签订合同或协议书时予以补充"。最后，主体还应包括意向书的份数、存执情况和必要的说明。

（3）落款。落款的主要内容包括：合作各方的法定名称或洽谈代表人的姓名；签订时间；盖章。

二、意向书的写作要求

（1）事项具体，条款明确。

（2）条理清楚，措辞严谨。

（3）行文规范，可行可信。

意向书的书写过程

（1）整理谈判纪要或者其他类似的文书资料。

（2）正确理解各方意愿，确定文书框架。

（3）提交有关方面审阅，收集修改意见。

（4）根据意见修改意向书。

知识拓展

【示例】意向书

合资建立 ×× 进出口贸易有限公司意向书

×××厂（以下简称甲方）与新加坡××贸易公司（以下简称乙方）本着平等互利的原则，于××××年××月××日在××地，就建立合资企业事宜进行了初步协商，达成意向如下。

1．甲乙两方愿以合资或合作的形式建立合资企业，暂定名为××进出口贸易有限公司，建设期为×年，即于××××年全部建成。意向书签订后，双方即向有关上级申请批准，批准的时限为×个月，即于××××年××月××日前完成。由甲方办理合资企业开业申请。

2．总投资×万元人民币，约折合×万美元；××部分投资×万元人民币（约折合×万美元）；××部分投资×万元人民币（约折合×万美元）。

甲方投资×万元人民币（以工厂现有厂房、水电设施、现有设备等折款投入）。

乙方投资×万元人民币（以折美元投入，购买设备）。

3．利润分配：各方按投资比例或协商比例分配。

4．合资企业生产能力：（略）。

5．合资企业自营出口或委托有关进出口公司代理出口，价格由合资企业定。

6．合资年限为××年，即××××年××月××日—××××年××月××日。

7．合资企业其他事宜按《中华人民共和国中外合资经营企业法》有关规定执行。

8．双方将在各方上级批准后，再行具体协商有关合资事宜。

9．未尽事宜，双方在今后约定时间协商补充。

本意向书一式两份。作为备忘录，各执一份备查。

甲方：×××厂（盖章）　　　　　　乙方：新加坡××贸易公司（盖章）

代表：李××（签名）　　　　　　　代表：王××（签名）

×××× 年 ×× 月 ×× 日

这份建立合资公司的意向书，内容完整，格式规范。该意向书首先交代签订意向书的缘由，以"达成意向如下"引出具体事项并以条款形式列出，一目了然，简明扼要。

第三课 经济合同

应知导航

1. 了解经济合同的概念、作用、特点及种类。
2. 能正确区分意向书和经济合同。
3. 掌握经济合同的写作格式及要求。

知识探究

经济合同

一、经济合同的概念和作用

根据《中华人民共和国民法典》规定："合同是民事主体之间设立、变更、终止民事法律关系的协议。"合同是当事人为了达到一定的经济目的，通过平等协商而签订的明确互相权利义务关系的具有法律约束力的协议。签订经济合同，必须遵照平等互利、协商一致、遵守法纪的原则。

经济合同的作用主要表现在以下五个方面。

（1）有利于保护合同当事人合法的经济权益。

（2）有利于规范市场交易活动，维护社会经济秩序，提高经济效益。

（3）有利于加强国家对企业的管理和监督。

（4）有利于企业加强经济核算和经济管理。

（5）有利于发展国内贸易和对外贸易，促进经济技术交流合作。

二、经济合同的特点

（1）法律约束性。合同是当事双方（或几方）在符合法律要求的条件下达成的协议，受法律保护。当事人如果未按合同履行义务，则要承担违约责任。

（2）一致性。合同是当事双方（或几方）一致意思的表示，权利和义务相辅相成。

（3）语言简明性。合同的语言要求简洁明了。

三、经济合同的种类

经济合同按不同的标准划分，有不同的种类，如表 5-1 所示。

表 5-1 经济合同的种类

分类标准	具体的种类
写作形式	表格式合同、条文式合同
履行期限	长期合同、中期合同、短期合同
内容性质	买卖合同，供用电、水、气、热力合同，赠与合同，借款合同，租赁合同，融资租赁合同，承揽合同，建筑工程合同，运输合同，技术合同，保管合同，仓储合同，委托合同，行纪合同，居间合同，等等

注：① 表格式合同是预先印好的，签订合同时，不必自拟文字，只要将双方商定的协议内容逐项填入合同的表格中即可。

② 条文式合同是将双方商定同意的内容，逐条用文字写明。

写作指南

一、经济合同的写作格式

经济合同的基本结构包括标题、约首、正文、约尾四部分。

1. 标题

标题写在首页上方居中，字体稍大，以合同内容和类型命名，用以指明合同的性质，如订货合同、借款合同、供销合同等。

2. 约首

标题之下顶格写"订立合同单位"或"立合同人"，后面注明双方单位的全称。全称之后可用括号注明"甲方""乙方"；也可按合同内容标示，如买卖合同可写"买方""卖方"，借款合同可写"借方""贷方"。

3. 正文

经济合同的正文为合同的主要内容，包括开头和主体两部分。

（1）开头。开头简要说明签订合同的目的或经过，如"兹因甲方向乙方定购下列货物，经双方协议，订立本合同如下"。

（2）主体。主体部分一般应该按照《中华人民共和国民法典》规定的主要条款以及签订合同的主次关系顺序进行表达。经济合同的主要条款包括标的，数量和质量，价款或报酬，履行期限、地点、方式，违约责任，等等。例如，订货合同就要写清货物的品名、规格、数量（单位）、单价和交货地址、交货办法、交货期限、付款办法等。

标的是指合同中权利和义务所指对象，包括货物、劳务、智力成果等。订货合同中的货物、借款合同中的货币、房屋买卖合同中的房屋都是合同的标的。

数量和质量是标的具体化形式，关系到当事人各方的权利与义务的具体划分和认定。数量要明确规定标的数量、计量单位和计量方法。质量表明标的的特征和优劣程度，是标的内在质量和外在质量的综合指标。

价款或报酬是有偿合同中接受标的一方当事人以货币形式向另一方当事人支付的成本。合同要标明支付的货币名称、数额、计算标准、结算方式、支付时间、方式等。

履行期限是指合同当事人各自完成合同所规定的义务的时间期限。履行地点是指合同当事人履行合同义务的具体地点，如交货地、施工地等。履行方式是指合同当事人履行义务的方法，一般包括标的交付方式、价款或报酬结算方式，以及运输方式、计量方式、验收方式等。

违约责任是指当事人一方不履行合同或不适当履行合同，出现违反共同确认的权利与义务时应当承担的经济和法律责任。

4. 约尾

约尾一般包括以下五项内容。

（1）合同的有效期。

（2）条款未尽事宜的处理办法。

（3）合同份数和保存方法。

（4）合同的附件（表格、图纸、资料、实样等）。

（5）落款。在正文的下方写明合同当事人单位的全称、法定代表人姓名、代表人姓名（签字）、相关证件，并加盖公章或合同专用章，同时写明签订合同的时间、详细地址、电话号码、银行账号等。有的合同还需写上鉴证机关。最后在右下方写明合同的签订日期。

二、经济合同的写作要求

签订经济合同应该慎重，切不可粗枝大叶，使经济利益受到损失。具体来说，经济合同的写作要求包括以下几点。

（1）内容合法。经济合同的内容要遵循法律法规、符合政策、依照原则。

（2）条款完备具体。经济合同必备的构成部分不能缺少，合同内容的各项条款不能遗漏。产品规格、计量单位、包装标准等信息，都要具体写明。文字不可模棱两可，金额、数字要用大写数字，标点要正确。

（3）文面整洁，字迹清楚。一经签字盖章，合同即具有法律效力。合同文面必须整齐洁净，字迹要清晰工整。合同一般不能涂改，如果要涂改，则应在修改处加盖双方当事人的印章。

知识拓展

【示例】经济合同

订货合同

订立合同单位：××市药材总公司（甲方）

　　　　　　　××农贸综合公司（乙方）

兹因甲方向乙方购下列货物，经双方协商订立合同如下。

品名：川贝。

规格要求：大籽、中籽、小籽各占 1/3；按药检部门规定的大、中、小籽的体积进行筛选后按重量计算。超过大籽、中籽、小籽数量规定的，依质论价，大籽每千克的价格为 35 元，中籽每千克的价格为 50 元，小籽每千克的价格为 70 元。超过大籽规格的甲方不收。

质量要求：川贝色白、无霉变，按乙方向甲方提供的样品进行检验。

数量：10000 千克。

单价：50 元 / 千克。

货款合计人民币（大写）：伍拾万元整。

包装：统装，每 50 千克为一件。

交货地点：××市药材总公司第十五仓库。

交货办法：乙方在甲方第十五仓库，当面过秤验收。

交货期限：20××年××月××日以前交货。

付款办法：甲方向乙方预付定金伍万元，20××年××月××日前电汇货款叁拾伍万元给乙方。其余拾万元待验收完毕后的 5 日之内以信汇方式汇给乙方；提前交货的信汇时间不得迟于 20×× 年 ×× 月 ×× 日。

违约责任：违约方向守约方支付实际违约金额 3% 的违约金。

甲方：＿＿＿＿＿＿＿＿＿＿＿　　　　乙方：＿＿＿＿＿＿＿＿＿＿＿

××市药材总公司（盖章）　　　　　××农贸综合公司（盖章）

20×× 年 ×× 月 ×× 日

评　析

　　这则合同内容完整，格式规范，用"经双方协商订立合同如下"引出具体事项。本合同简明扼要，一目了然，清晰明确。

第四课　说明书

应知导航

　　1. 了解说明书的概念、特点及种类。
　　2. 掌握说明书的写作格式及写作要求。

知识探究

说明书

一、说明书的概念

　　说明书是说明物品的性能、用途、规格、使用方法等知识的一类实用性文书。说明书常用于对工农业产品、图书出版、电影戏剧演出等进行介绍说明，目的在于指导消费、促进销售，传播知识、创造品牌。

二、说明书的特点

　　（1）科学性。说明书上的内容应实事求是，形容要恰当，概念要界定明确，程序和方法要介绍清楚，用语要准确。说明书不仅要介绍所要说明事物的优点，而且要说明消费者应注意的事项或可能遇到的问题。

　　（2）说明性。说明书以说明为主要表达方式，一般较少运用议论和抒情。说明书常运用的说明方法有列数据、做比较、下定义等。

　　（3）简明性。说明书大多是作为某一事物的附件而出现的。例如，产品说明书常常放在产品的包装盒内或直接印在包装盒上。这就要求说明书篇幅短小，表述简明、准确，突出重点，使人一目了然。

　　（4）条理性。写作说明书时需要注意结构层次的条理性，按照一定的程序逐条说明，使消费者看了以后能准确掌握使用方法，明确注意事项。

三、说明书的种类

　　说明书按所要说明的事物分为以下几种。

（1）产品说明书。它主要是对某一产品的情况的介绍，如其组成材料、性能、存储方式、注意事项、主要用途等的介绍。

（2）使用说明书。它是向人们介绍具体的关于某产品的使用方法和步骤的说明书，如剃须刀说明书。

（3）安装说明书。它主要介绍如何将散装的产品零件安装成一个可以使用的完整的产品。为了方便运输，许多产品是拆开分装的，需要消费者按照安装说明书自行安装。

（4）电影戏剧演出说明书。它的主要目的在于介绍电影、戏剧的主要故事情节，以及向消费者推荐该影视剧。在大型的演出活动中，对演员、节目的介绍等，就是为了吸引更多的消费者而采用的一种宣传式的说明文字。

写作指南

一、说明书的写作格式

说明书内容一般包括标题、正文、结尾三部分。

1. 标题

标题应简明、直观、引人注目。标题写在第一行正中，要求写明产品的名称，如"××牌保温式自动电饭锅说明书"。有的还要注明产品的型号、商标、生产厂家等。

2. 正文

正文是说明书的主体部分，一般包括以下内容。

（1）引言：主要介绍生产厂家的历史、现有规模、技术水平、产品质量、办厂宗旨、经营状况等方面的情况，也可以概述产品的名称、特点、设计原理、使用范围等情况。

（2）技术指标：详细说明产品的性能、特点、规格、成分、型号等，一般要用数据明确标出。

（3）结构特征：借助示意图对产品做解释说明，具体说明各部分的特征。

（4）使用方法及注意事项：按照操作的程序逐一列出使用方法，以便消费者正确使用；还应说明消费者在使用过程中应注意的问题。

（5）配套产品：与该产品配套使用的其他产品的名称、规格、数量也应出现在说明书中。

（6）保养方法：具体说明保养的方法，同时应对常见的故障成因及处理方法做特别说明。

（7）责任保证：说明产品的维修、退换等售后服务的具体事项。

3. 结尾

结尾写明生产厂家或销售单位的联系人、联系地址、联系方式、写作日期等。

说明书的写作形式有多种：采用条文式时，要分条列项地做详细介绍；采用概述式时，要用一两段文字，简明扼要地做概括介绍；采用图文综合式时，既要有详尽的文字说明，也要有照片和图式解说，如电路图、构造图、分子式等（这种说明书往往需印成小册子作为产品的附件）。

二、说明书的写作要求

说明书的写作要求如下。

（1）内容客观真实。

（2）突出产品特点。

（3）语言通俗易懂。

（4）措辞准确简洁。

（5）版面整洁美观。

说明书的两种体式

（1）短文式。这种写法内容连贯，通篇浑然一体，类似一篇短文。有些产品说明书适合采用这种写法，如食品类说明书等。

（2）条款式。这种写法分条列款，层次分明，秩序井然，适用于家用电器等功能多样、构造复杂的产品。某款电子产品说明书的正文分为五项：①主要功能；②使用条件；③尺寸及功能键；④安装和使用；⑤注意事项。

知识拓展

【示例】说明书

×××牌剃须刀使用说明书

本说明适用于×××牌各类充电式剃须刀。

充电：将电源插头插入220V电源插座，充电指示灯亮，充电12～16小时。

剃须：将开关键上推至开启位置（ON），即可剃须。为求更好的剃须效果，请将皮肤拉紧，使胡子呈直立状，然后以逆胡子生长的方向缓慢移动。

修剪：请在剃须前，先将修剪刀推出，修短胡须后再用网刀剃净。

清洁：剃须刀要经常清洁。清洁前应断掉电源，然后旋下网刀，用毛刷将胡须屑刷净。清洁后轻轻放回刀头架且放置到位。清洁时应轻拿轻放，避免损坏部件。

保修条例：保修服务只限于正常使用下的损坏。以下损坏不在保修服务范围内：因接入不适当电源、使用不适当配件、不按照说明书使用等造成的损坏；因运输及其他意外而造成的损坏；因错误使用或疏忽而造成损坏；因不适当安装而造成的损坏等。此保修服务并不包括运输费及维修人员上门服务费。

保修期外享受终身维修，维修仅收元器件成本费。

剃须刀中内、外刃属消耗品，不在保修范围内。

保修期：正常使用6个月。

注意事项：充电时间为12～16小时，时间不宜过长，以免影响电池寿命。

更换刀网、刀头时，一定要选用原厂配件。

这篇说明书内容简洁，条理清楚。它采用条文式的写法，重点写明了产品的使用方法、保修事宜和注意事项。

第五课　广告

应知导航

1. 了解广告的概念、特点及种类。
2. 掌握广告的写作格式及写作要求。

知识探究

一、广告的概念

广告有广义和狭义之分。广义的广告包括公益性广告和经济广告。人们常说的广告是指狭义的广告，即经济广告，它是以营利为目的的广告。本课主要介绍狭义的广告。

经济广告是为了扩大销售或促进有偿服务，有计划地通过各种媒体向公众宣传相关商品、劳务等信息时所使用的一类经济应用文。

二、广告的特点

1. 诱导性

广告往往通过各种形式，多角度宣传商品的功用、服务的内容、企业的形象，以引起公众的注意，激发其消费欲望或对该企业的好感。

2. 真实性

广告虽然以推销为目的，但必须保证内容的真实、健康，要遵守法律条款的有关规定，不得弄虚作假，不得欺诈消费者。

3. 艺术性

广告综合运用文字、图片、声音等艺术表现形式，多角度增加其艺术感染力，给人以美的享受，从而激发公众的兴趣和购买欲望。

4. 创造性

广告在借鉴前人经验的基础上讲求推陈出新、独具特色，以不断开拓进取的意识来引导公众。

三、广告的种类

广告根据不同的分类标准可以分成不同的种类，如表 5-2 所示。

表 5-2　广告的种类

分类标准	具体的种类
运用的媒体	报刊广告、电视广告、印刷品广告、橱窗广告、牌匾广告、灯光广告、音响广告、陈列广告、模型广告、车船广告、路牌广告等
覆盖范围	国际广告、国内广告、区域广告等
广告内容	商品广告、劳务广告、企业广告等

四、广告和说明书的区别

从目的上看，广告在于推销，促进消费；说明书在于介绍说明知识。

从内容上看，广告主要突出产品或服务的优点；说明书重在说明产品或服务的特点、使用方法、适用范围、注意事项等。

从表现手法上看，广告可采用叙述、议论、抒情、说明等多种表达方式，修辞手法多样；说明书以说明为主。

从语言上看，广告语言优美，讲求文采；说明书语言简明、平实。

写作指南

一、广告的写作格式

无论通过哪种媒体进行宣传，广告都离不开文稿，只是文稿有长有短，侧重点有所不同。一篇结构比较完整的广告包括标题、正文和落款三部分。

1. 标题

标题如同广告的"眼睛"，是一则广告中最能引起公众兴趣的信息，在全文中起统领作用，必须精心提炼。标题从形式上可以分为以下三种。

（1）直接标题。直接标题应开门见山，直截了当地点出广告的主要内容。

（2）间接标题。间接标题应以委婉的言辞，用暗示的手法，把信息传播给公众，引起公众的好奇心并使其产生购买兴趣。

（3）复合标题。复合标题是直接标题和间接标题的综合运用，通常采用双行或多行标题的形式，一般包括引题、正题、副题。引题是广告正题的引言，起到引起话题的作用，通常不包括重要信息。正题是标题的主体部分，往往集中了广告的重要信息。副题是对正题的补充，具有进一步丰富正题的作用。复合标题可以是"引题＋正题"，也可以是"正题＋副题"，还可以是"引题＋正题＋副题"。

2. 正文

正文是广告的核心，要对标题揭示的主旨或概括的基本内容做出简要而又具体的说明，主要用来介绍商品的性能、特点、用途、价格、效果、信誉，以及使用方法、售后服务等。广告正文的写法多种多样，常见的有以下几种。

（1）陈述体。它用平直的语言，明白地介绍商品的名称、用途、规格、价格等情况。

（2）问答体。它利用人们的好奇心和求知欲，用提问的形式来激发人们的购买欲，生动活泼，具有较强的吸引力。

（3）证书体。它将商品获得的奖项毫无保留地告诉人们，利用人们对商品质量评比的信任，间接赞誉本商品。

（4）故事体。它以构筑与商品相关的情节性内容来介绍商品，给人们留下深刻的印象。

（5）诗歌体。它通过诗歌的形式介绍商品，利用诗歌句式整齐、便于记忆的特点进行宣传，或者运用诗歌型的抒情语言进行情感诉求，给人们一种情感体验，从而打动人们。

3. 落款

落款主要包括企业名称、地点、联系人、联系方式等。

另外，一些企业为了维护广告宣传的连续性，会在一系列广告中运用特定的宣传短语。这些宣传短语被称为广告标语或广告口号。

二、广告的写作要求

广告的作用在于使消费者加深对企业的经营特点或对商品、劳务的独特优良个性的理解和记忆。一般而言，每则广告都有标题，但可能没有广告标语；每则广告的标题都可能不同，但广告标语能够在一段时间内重复使用，具有稳定性和持续性。

知识拓展

【示例】经济广告

你想拥有迷人的身材吗？

—— 快来 ×× 健身中心

你想拥有强健的身体吗？你想拥有迷人的身材吗？×× 健身中心国标舞、拉丁舞、摩登舞、交谊舞培训正在火热进行，循环教学制，方便学员随到随学。

执教：刘 ××——×× 省国际标准拉丁舞大赛冠军、体育舞蹈拉丁舞 A 级教师。

周 ××——×× 体育舞蹈交流协会理事、国际标准舞高级教师。

培训内容：伦巴、恰恰舞、桑巴、牛仔舞、斗牛舞、华尔兹、维也纳华尔兹、狐步、快步、探戈。

培训时间：周一至周六 20:00—22:00，周日休息。

学费：××× 元 / 年，×××× 元 /半年，××× 元 /30 次。

地址：×× 市解放西路市工人文化宫左侧六楼 ×× 健身中心。

联系人：刘小姐，××××××××××；周先生，××××××××××。

评 析

这则广告的标题形式引人注目。正文开头一连串的问句，有助于引起人们的好奇心；接着简明扼要地介绍了师资情况、培训内容、培训时间、费用等信息；最后写明联系信息。本广告层次分明，目的明确。

第六课　招标书和投标书

应知导航

1. 了解招标书、投标书的概念、特点及招标、投标的程序。
2. 掌握招标书、投标书的写作格式及写作要求。

一、招标书、投标书的概念

招标书又称招标通告、招标通知、招标启事等，是将招标信息和有关事项告知公众的一种商业广告性的文书。根据发布的范围，招标书可分为国际招标书、国内招标书、系统或单位内部招标书。根据招标目的物的种类，招标书可分为建筑招标书、生产招标书、设计招标书、劳务招标书等。

投标书是投标人按照招标书的条件和要求向招标人提出响应，并要求订立合同的建议。

在写投标书之前，必须对投标项目做周密的调查研究和精确的计算。投标书的报价既要有竞争性，又要有一定的利润。

二、招标书、投标书的特点

招标书具有公开性的特点。招标活动应当遵循公开、公平、公正的原则。一般正式招标书都采用广告、通知、公告等形式发布。招标的整个过程是公开的，从而保证每一个投标人获取同等的信息，但招标人对于设置的标底（项目的定价）必须保密。

投标书具有保密性的特点。投标书应密封寄送，在开标前要绝对保密。

三、招标、投标的程序

1. 招标的程序

（1）成立招标、评标组织。

（2）编制招标文件，公布招标公告。

（3）接收投标申请书，并出售招标文件。

（4）对投标人进行资格审查。

（5）统一组织投标咨询，组织投标人进行现场考察。

（6）接收投标人密封递交的投标书。

（7）在预定时间内开标、评标，确定预中标人。

（8）进一步调查核实，确定中标人，并发出中标通知书。

（9）与中标人签订合同。

2. 投标的程序

（1）做出投标决策。投标人要根据市场调查、招标书和自身具备的条件做出投标与否的决策，以免浪费时间和财力或者错失竞争的机会。

（2）编制投标文件。投标文件应当对招标书提出的实质性要求作出响应。

（3）寄送投标文件。在要求提交投标文件的截止时间前，投标人应当将投标文件盖章、密封送至投标地点。招标人收到投标文件后，应当签收保存，不得开启。投标人提交投标文件的时间如果晚于招标文件规定的截止时间，招标人应当拒收。

（4）补充、修改或者撤回已经提交的投标文件。若招标文件未另做说明，投标人在招标文件要求提交的截止时间前，可以补充、修改或者撤回已提交的投标文件，并书面通知招标人。补充、修改的内容为投标文件的组成部分。

3. 开标、评标、中标

开标是指招投标人在开标仪式上当众拆封所有合法有效的投标书，并宣读投标人名称、投标价格和投标书的其他主要内容。

评标是指评标委员会按照招标书确定的评标标准和方法，对投标书进行评审和比较，设有标底的，应当参考标底。评标委员会认为所有投标都不符合招标书要求的，可以否决所有投标。

招标人根据评标委员会的评标报告和推荐的中标候选人确定中标人，并向中标人发出中标通知书，同时将中标结果通知所有未中标的投标人。中标通知书对招标人和中标人具有法律效力。双方在中标通知书发出之日起 30 日内，按照招标书和中标书订立书面合同，并不得再行订立背离合同实质性内容的其他协议。

写作指南

一、招标书的写作格式及写作要求

1. 招标书的写作格式

（1）招标书的内容。招标书要写明招标人、招标项目的介绍和招标的有关事宜。

① 招标人的名称和地址。

② 招标项目的性质、数量、实施地点和时间。招标项目的性质是指招标项目的所属名称，如基础设施、公用事业的项目名称；或资金来源的名称；或勘察设计等服务性质的招标。招标项目的数量是指设备供应量、土建工程量等招标项目的数量。招标项目的实施地点是指材料设备的供应地点、土建工程的建设地点，或服务项目的提供地点。招标项目的实施时间是指交货期、施工期或服务项目的提供时间。

③ 获取招标文件的办法。它一般是指发售招标文件的地址、收费标准、投标截止时间及开标时间、招标人或代理机构的开户银行及账号等。

④ 招标人认为需要说明的其他事宜。要求投标人提供的有关资质证明文件和业绩情况等，可在投标书中写明。

（2）招标书的结构形式。

① 标题。标题有三种形式：一是"招标单位名称＋招标项目＋文种"，如"××工程设备公司建筑安装工程招标书"；二是"招标单位名称＋文种"；三是"招标项目＋文种"，如"××大桥工程招标书"。

② 正文。正文由前言和主体组成。前言写明招标目的和招标单位的基本情况。主体包括招标事项和招标程序。招标事项应分项列条地陈述和说明招标项目的具体内容（项目名称、招标范围、招标投标方法、招标时限、招标地点）和要求。招标程序应写明投标的起止时间，发送投标文件的方式、地点和日期，开标的方式、地点和日期。

③ 落款。落款应写明招标单位的名称、地址、电话号码和传真、发布日期等，还可以将其他须知作为附件附于文后。

2. 招标书的写作要求

（1）招标书中的条件必须符合国家有关政策和法律法规，要处理好国家、招标单位和投标人三者之间的关系。发布重要的招标公告，必须得到上级主管部门的批准，使招标公告具有权威性。

（2）招标内容要简明扼要，重点突出；向投标人提出的质量标准和技术规格方面的要求和条件要明确、具体。

（3）文字要准确、得体，标点要正确、清楚。招标书的篇幅不宜过长。

二、投标书的写作格式及写作要求

1. 投标书的写作格式

（1）投标书的内容。

① 项目的价格、保证和条件。它主要包括：标函内容，即承包招标项目的内容，有项目名称、地点、包干形式、数量等；标价，完成招标的分解金额；保证完成的工期（交货期），具体时间和总计天数；质量保证，可达到的等级和保证质量的有效措施；拟派出的项目负责人与主要技术人员的简历、业绩，拟用于完成招标项目的机械设备等（本条内容限于建设施工的招标项目）；其他，如服务条件等。

② 投标单位的自我介绍。它主要包括：企业的名称、地址、性质、级别；企业的业绩，经营或建筑过的重大项目；企业的技术力量，工程技术人员、技工的人数；企业的设备情况。

③ 投标态度，主要是指承诺内容。

（2）投标书的常用结构形式。

① 标题。标题由投标项目和文种组成，如"××建筑工程投标书""××商品标函"，也可以直接写文种，如投标书、标函或投标单。

② 送往单位。送往单位要顶格写，一般为招标单位或招标办公室。

③ 开头语。开头语需要叙写投标的依据或目的。

④ 主体。除投标表和企业介绍表中列入的内容外，主体的内容还应包括投标态度，以表明对标函的承诺。

⑤ 落款。落款包括投标单位的名称、负责人、联系人、地址，以及成文日期。

⑥ 附件。担保单位的担保书、正文主体的必要表格作为附件需附在文后。

投标书的主要部分常常采取表格式，所以又称投标单或标单。标单一般是作为招标文件由招标单位拟制的，投标单位只需按需求填写表格。

2. 投标书的写作要求

（1）写投标书前必须认真研究招标书，积极挖掘内部潜力并充分利用外部力量，提出符合自身实际情况的合理标价。

（2）投标书的内容要具体清晰，要紧紧围绕招标事项，提出有针对性的切实可行的措施。

（3）投标书应严格按照招标的要求和条件编制，并按规定格式填写，做到内容齐全、格式规范、表达简明具体、字迹清楚整洁。

（4）反复、认真检查，防止疏漏，最后加盖单位公章和法人代表印章。

知识拓展

【示例】招标书

建筑安装工程招标书

为了加快建筑安装工程的建设速度，提高经济效益，经_____（建设主管部门）批准，

_____（建设单位）对_____建筑安装工程的全部工程（或单位工程，专业工程）进行招标。

一、招标工程的准备条件

本工程已经具备以下招标条件：

1．本工程已列入国家年度计划。

2．已有经国家批准的设计单位设计出的施工图和概算。

3．建设用地已经征用，障碍物全部拆除；现场施工的水、电、路和通信条件已经落实。

4．资金、材料、设备分配计划和协作配套条件均已分别落实，能够保证供应，使拟建工程能在预定的建设工期内连续施工。

5．已有当地建设主管部门颁发的建筑许可证。

6．本工程的标底已报建设主管部门和中国建设银行复核。

二、工程内容、范围、工程量、工期、地质勘查单位和工程设计单位

（此项也可用表格形式，见附表）

三、工程可供使用的场地、水、电、道路等情况（略）

四、工程质量等级，技术要求，对工程材料和投标单位的特殊要求，工程验收标准（略）

五、工程供料方式和主要材料价格，工程价款结算办法（略）

六、组织投标单位进行工程现场勘察，说明投标文件交底的时间、地点（略）

七、报名、投标日期，投标文件发送方式

报名日期：_____年_____月_____日。

投标期限：_____年_____月_____日至_____年_____月_____日；

投标文件发送方式：

_____。

八、开标时间，评标结束时间，开标、评标方式，中标依据及通知

开标时间：_____年_____月_____日（从发出招标文件至开标，一般不得超过两个月）。

评标结束时间：_____年_____月_____日（从开标之日至评标结束，一般不得超过一个月）。

开标、评标方式：建设单位邀请建设主管部门、中国建设银行和公证处参加公开开标，审查证书，采取集体评议方式进行评标、定标工作。

中标依据及通知：本工程评定中标单位的依据是工程质量优良，工期适当，标价合理，社会信誉好，最低标价的投报单位不一定中标。评定结束后五日内，招标单位通过邮寄或专人送达的方式将中标通知书交给中标单位，并与中标单位在一个月（最多不超过两个月）内签订建筑安装工程承包合同。

九、其他（略）

本招标方承诺，本招标书一经发出，不改变原定招标文件内容，否则将赔偿由此给投标单位造成的损失。投标单位按照招标文件的要求，自费参加投标准备工作和投标。投标书应按规定的格式填写，字迹必须清楚，必须加盖单位和法定代表人的印鉴。投标书必须密封，不得逾期寄达。投标书一经发出，不得以任何理由要求收回或更改。对于在招标过程中发生的争议，双方如自行协商不成，则请求负责招标管理工作的部门调解仲裁，若对仲裁不服，可诉诸法院。

建设单位（招标单位）：_____

地址：_____

联系人：_____

电话：_____

_____年____月____日

附：施工图纸，勘察、设计资料和设计说明书（略）

附表：建筑安装工程内容一览表（略）

评　析

　　此招标书首段简明扼要地写明了招标目的和项目名称，接着分条列款地详细陈述了招标事项、招标程序、其他事项及承诺。这份招标书格式规范，款项齐全。

素养提升

切实推动民法典实施　更好推进全面依法治国

　　民法典在中国特色社会主义法律体系中具有重要地位，是一部固根本、稳预期、利长远的基础性法律。

　　作为中华人民共和国成立以来第一部以"法典"命名的法律，民法典系统完备、逻辑严密，集成了中华人民共和国成立70多年的民事法律实践、中华民族5000多年优秀法律文化和人类法治文明的有益成果。民法典紧紧围绕着人的权利而编纂，大到财产权、人格权、婚姻家庭、继承的规定和保护，小到比较具体的高空抛物、基因编辑、高铁霸座、个人隐私、离婚冷静期等社会关切、很接地气、时代感强的问题。这充分体现了"民有所呼、法有所应"的精神，必将有力促进全社会的公平正义，激发全体社会成员安心创业奋斗的动力，助推国家治理体系和治理能力现代化迈上新台阶。

　　法律的生命力在于实施。民法典实施水平和效果，是衡量各级党政机关履行为人民服务宗旨的重要尺度，必须从立法、执法、司法、守法等各环节共同发力。要加强同民法典相关联、相配套的法律法规制度建设，对有违民法典规定和原则的要抓紧清理，更好发挥司法解释的作用，保持民法典稳定性与适应性统一；要严格规范公正文明执法，各级政府应不断提高依法执政、依法行政水平，保护公民民事权利不受侵犯、促进民事关系和谐有序，着力提升司法公信力，维护好民法典的权威；要广泛开展普法活动，让民法典走到群众身边、走进群众心里，成为全体社会成员自觉遵循的行为规范，尤其各级领导干部要做学习、遵守、维护民法典的表率。

　　"立善法于天下，则天下治"。我们要将民法典宣传好、贯彻好、落实好，确保民法典得到全面有效执行；要充分发挥民法典在完善中国特色社会主义法律体系、推进国家治理体系和治理能力现代化中的重要作用，不断提高运用民法典维护人民权益、化解矛盾纠纷、促进社会和谐稳定能力和水平，为实现"两个一百年"奋斗目标提供坚强法治保障。

　　问题：

　　请同学们了解《中华人民共和国民法典》的内容后，探讨哪些条款是人们工作中经常会用到的？

学以致用

1. 经济应用文是如何分类的？其特点有哪些？
2. 意向书有哪些特点？意向书的作用有哪些？
3. 经济合同的主要条款是什么？
4. 写作经济合同需要注意哪些问题？
5. 说明书由哪些部分组成？写作形式有哪几种？
6. 经济广告有哪些特点？
7. 请举出几例给你留下深刻印象的报刊、广播、电视广告，分析这些广告是针对消费者的什么心理来写的并分析它们的作用。
8. 请你根据所学内容，看看下面这份合同有哪些地方需要修改，并加以改正。

购销合同

订立合同单位：××县××供销社（以下简称"甲方"）

                    ××工艺社（以下简称"乙方"）

甲方为了发展农村副业生产，保证市场供应，经与乙方商定同意以下几点，特签订本合同。

货物名称：草帽、草席。

规格：××××。

订购数量：草席200条、草帽800顶。

价格：草席每条12元、草帽每顶3元。

交货日期：10月5日前。

交货地点：甲方仓库。

交货办法：由乙方送到甲方仓库，不计运费。

付款办法：交货之时，当面结算，用现金结清。

违约责任：致使另一方遭受经济损失的违约方，则应承担赔偿责任；货物的质量、品种、花色不合要求时，乙方应负责退换；乙方延期交货时，应每日交延期交货部分货款总值2%的违约金；甲方延期付款时，应每日交延期付款部分2%的违约金。

甲方：   乙方：

单位名称：××县××供销社（盖章）   单位名称：××工艺社（盖章）

代表人：高××（签字）   代表人：高××（签字）

                              签约日期：××××年××月××日

9. 请你根据以下材料，拟一则广告。

鲜豆浆味美可口，富含蛋白质、维生素、氨基酸及铁、钙等，具有很高的营养价值。

一种崭新的厨房家电——××全自动多功能智能豆浆机，隆重上市。该豆浆机核心器件选用××品牌产品，外观典雅大方，只需往机内加入黄豆和清水，通电后由微电脑控制，自动粉碎、过滤、加热熬煮，不用人照看，十几分钟即可做出香浓的熟豆浆，且在豆浆做好后会自动断电，声光提示报警。

除了制作豆浆，该豆浆机还可以用来制作豆花等食品。

专卖店地址：××市××路××号。

联系电话：××××××××。

事务管理指南

开篇寄语 ▼

事务应用文在人们处理日常事务、沟通信息、总结经验、研究问题、指导工作、规范行为时发挥着重要作用，其每种文体的结构格式各不相同，本篇将逐一详述。

育人目标 ▼

1. 了解事务应用文的概念、种类、作用、特点、基本格式、写作方法及写作要求，培养职业意识和职业规范。
2. 诵读红色家书，涵养家国情怀，激发使命担当。

第一课　事务应用文概述

应知导航

了解事务应用文的概念、作用及特点。

知识探究

一、事务应用文的概念和作用

事务应用文是党政机关、企事业单位、社会团体或个人在参与社会活动和处理日常事务时普遍使用的一类应用文。事务应用文具有指导、依据和凭证、资料研究、行为规范和信息交流的作用。

二、事务应用文的特点

1. 日常事务性

事务应用文主要是处理日常事务的一类应用文，尤以处理日常公务为主。公务性的事务应用文是党政机关、企事业单位、社会团体处理日常事务的业务文书，有别于内容系统、体式完整、具有法律效力的公文，被称为"准公文"，其主要作用是方便管理、规范行为和交流经验。

2. 非专业性

事务应用文具有非专业性的特点，有别于专业技术应用文，如法律应用文、经济应用文、科技应用文等。

3. 灵活性

事务应用文的格式是约定俗成的，是在实际应用中逐步形成的惯用格式，不像公文那样有严格的要求，也没有公文那样严格规范的制发权限、行文规则和处理程序。另外，事务应用文常用的表达方式有说明、叙述和议论，也可以根据需要，适当灵活地使用描写和抒情的表达方式，使语言表达生动、鲜活，以增强其感染力，如感谢信、慰问信、贺信、倡议书、海报等。

第二课　证明信和推荐信

应知导航

1. 了解证明信、推荐信的概念及种类。
2. 掌握证明信、推荐信的写作格式。

知识探究

一、证明信的概念及种类

证明信是党政机关、企事业单位、社会团体或个人为证明有关人员的身份、经历或事情的真实性而出具的专用书信。

证明信分为以组织名义发出的证明信和以个人出具的证明信两类。前者多用于组织证明曾在或现在本单位工作的员工的身份、经历及与本单位有关的事情；后者由个人书写，用于证明有关人员、有关事项的真实情况。

二、推荐信的概念及种类

推荐信是向其他单位、团体或个人推荐人或物，以便对方采纳和接受的专用书信。

推荐信有他人推荐和自我推荐两类。自我推荐的书信也就是通常所说的自荐信，它是用书信的形式向单位做的自我介绍。

写作指南

一、证明信的写作格式

（1）标题。标题即在首行正中写明的"证明信"或"证明"。

（2）称呼。称呼即在标题下一行顶格处写明的收信者名称。

（3）正文。正文一般另起一行空两格书写。正文是证明信的关键部分，要如实写清要证明的具体事实。如果附有证明材料，则要说明材料来源。

（4）结语。证明信一般常用"特此证明"进行结尾。如果证明信开头没有写明受文单位，则可以在结尾另行空两格写"此致××（受文单位名称）"。

（5）落款。落款即在结尾的右下方署上写证明信单位的名称并加盖公章，以及出具证明的日期。个人写的证明信需署上个人的姓名并加盖私章，有时也需要证明者所在单位审核盖章。

二、推荐信的写作格式

（1）标题。标题即在首行正中写明的"推荐信"或"自荐信"。

（2）称呼。称呼即在标题下一行顶格处写明的收信单位名称或个人姓名、职务。

（3）正文。正文一般另起一行空两格书写。正文是推荐信的主要部分，一般包括陈述被推荐者的基本情况、值得推荐的理由及推荐的目的（如希望对方考察、录用等）。

（4）结语。结语通常为表示祝颂的话语，如"此致敬礼""顺颂近安"。

（5）落款。在结尾的右下方需署上推荐单位的全称并加盖公章，或签上推荐人的姓名。在署名的下一行写上推荐的日期。

知识拓展

【示例】证明信

证明

×××中学党支部：

　　××××年××月××日来信收到。根据信中要求，现将你校青年教师李××在我校就读期间的表现情况介绍如下。

　　李××于××××年××月—××××年××月就读于我校化学教育专业。读书期间，他勤奋好学、踏实肯干、成绩优秀，多次被评为校"三好学生"。

　　特此证明。

×××学院（盖章）

××××年××月××日

评　析

　　这封证明信内容完整，格式规范。正文开头写明是应对方的要求出具这份证明，接着陈述被证明者经历的具体内容，表述清晰、完整。结语为惯用语。

第三课　求职简历和求职信

1. 了解求职简历、求职信的概念及求职简历的重要性。
2. 掌握求职简历、求职信的写作格式及求职简历的写作注意事项。

知识探究

一、求职简历的概念及重要性

求职简历是求职者为了顺利谋求职位而准备的一系列个人材料。它是招聘单位了解求职者客观情况的重要材料，是用来支持求职申请、证明求职者能力的重要证明。求职简历与一般的简历不同，它不是简单地记录求职者做过什么，而是根据求职需要来反映个人的身份、学业、经历、工作经验和特长，以便给招聘单位留下一个醒目的印象。

二、求职信的概念

求职信是求职者向招聘单位自我推荐的专用书信。求职者的目的是充分向招聘单位展示自己的能力和特长，以获得心仪的职位。

写作指南

一、求职简历的写作格式

求职简历由标题和正文组成，具体内容如表 6-1 所示。

表 6-1　求职简历的具体内容

项目		要点
标题		多为"个人简历""求职简历"
正文	身份详情	姓名、性别、年龄、籍贯、民族、政治面貌、健康状况、家庭婚姻状况、联系地址、邮编、电话、电子邮箱等
	职业或工作目标	要与招聘单位的意愿一致
	资历简介及能力描述	针对求职岗位所做的自我条件总述，包括学历资格、职业资格证书、工作经验及相关能力等
	教育背景	简述教育经历，一般从最高学历倒写，也可附加培训、进修经历
	工作经历	工作单位、岗位或职务、具体任务或职责、重要业绩、起止时间等
	成果	论文、著作、发明专利、研究项目等
	荣誉	获得的表彰和奖励情况
	其他	自我评价、性格、爱好、特长等

二、求职简历的写作注意事项

1. 内容简洁，提纲挈领，突出重点

简历要真实反映求职者的情况，切忌事无巨细、面面俱到，要突出重点。与应聘职位有关的学习、实习、社会活动经历要叙述清楚，获得的荣誉和特殊成绩要特别突出。不要讨论哲理、抒发感慨、粉饰自己。要反复修改、删除多余的内容，做到基本情况清楚、关键内容突出。

2. 紧扣招聘条件，扬长避短

求职者要研究所应聘职位的相关资料，并依此来合理安排简历内容，突出自身优势，适当回避不足。一开始就写自己的不足，可能会使招聘单位对求职者失去兴趣。对于一些弱项和不足，可一笔带过，也可使用较含糊的文字，如用"实践动手能力强"模糊"考试成绩不太理想"等。

3. 简历包装精美，做到别具一格

制作简历在编排上要多下功夫，字迹要工整，以打印为宜（特殊要求除外），不要出现错别字或涂改痕迹；可设计引人注目的封面；所提供的标准照片应能反映求职者的精神面貌，忌使用戴墨镜的照片或风景地照片。

4. 证明材料充分，"货真价实"

凡能证明自己能力的材料，求职者都要收集齐全。证明材料要真实可靠，标明出处，加盖公章；如有特别需要，可提供公证过的材料的复印件。常见的证明材料有成绩单、技能等级证书、获奖证书、实习或工作鉴定及其他与求职有关的证明等。证书的编排可按年份进行，证明材料应提供复印件，原件要妥善保存。

5. 适可而止

有些求职简历虽然文笔通顺、字迹工整，但会让对方不悦，甚至反感。常见的原因有：一是限定了回复时间，如"敬请×月×日前复信为盼"等，表面上看相当客气，可是给对方限定了时间，易使对方产生压迫感；二是使用强迫口吻，如"盼望获得贵单位的尊重和考虑"等；三是以上压下，如"贵单位总经理××先生要我直接写信给你""××部长很关心我的求职问题，特让我写信找你"等；四是自认为了不起，如"现有几家公司欲聘我，所以请你从速答复"。

三、求职信的写作格式

求职信作为一种信函，具有一定的格式要求。

（1）称谓。称谓是对接收并查阅求职信的人的称呼。

一般来说，如果不清楚对方的信息，求职者可以直接写上"尊敬的领导""××集团负责人"；如果知晓对方的信息，求职者就要特别注意此人的姓名和职务，书写要准确，不得马虎。

撰写求职信的目的在于求职，因此书写称谓时要严肃、谨慎，要有礼貌，既不能随随便便，也不能过分亲昵，以免给人以阿谀奉承、唐突之感。

称谓后的问候语一般应为"您好"，而非"你好"，更不能用"您们好"。

（2）开头。求职信应开宗明义，自报家门，直截了当地说明求职意图，从而引起对方

的注意，如"我是×××中等职业学校即将毕业的学生，想在贵司谋求一份工作"。

（3）主体。这是求职信的重点，书写形式可以多样，主要内容一般包括姓名、学历、毕业学校、专业、求职理由和目标，要重点介绍自己应聘、应征或寻求工作的条件，突出自己的重要成绩、特长、优势及与所求职的岗位的匹配度，阐述自己的敬业精神，简单介绍自己的个性。

总之，主体要做到告知情况，突出重点，言简意赅，具有吸引力和新鲜感，语气自然。

（4）结尾。求职信的结尾主要是进一步强调求职的愿望。无论如何表述，求职者都要掌握好分寸，以免给招聘单位留下不良印象。

（5）致敬语、署名、日期。求职信因为是打开招聘单位的第一把钥匙，所以更要讲究礼节。在正文结束后，可写上一句祝福语，也可按照书信格式写"此致敬礼！"在致敬语的右下方，求职者需署上自己姓名及具体日期。

若是手写署名，求职者要注意两点：一是不要过分谦卑，更不要有意识地贬低自己；二是字迹要工整。

知识拓展

【示例】求职信

尊敬的领导：

您好！

请恕打扰。我是一名刚从××学校会计电算化专业毕业的毕业生。我很荣幸有机会向您呈上我的个人资料。在投身社会之际，为了找到符合自己专业和兴趣的工作，更好地发挥自己的才能，实现自己的人生价值，我特向您作自我推荐。

作为一名会计电算化专业的学生，我热爱我的专业，并为其投入了巨大的热情和精力。在三年的学习生活中，我学习了包括从会计学的基础知识到运用等许多方面的内容。通过对这些知识的学习和运用，我对会计电算化这一领域有了一定程度的理解和掌握。本专业是一种工具，而拥有利用此工具的能力是最重要的，我在与课程同步进行的各种实践和实习中，获得了一定的实际操作能力和技术。我知道计算机和网络是将来工作的工具，因此在学好本专业的前提下，我也努力地学习有关计算机和网络的知识和技术。在校期间，我已取得××××证、××××证、××××证和××××证。

我正处于人生中精力最充沛的时期，我渴望在更广阔的天地里展露自己的才能。我不满足于现有的知识水平，期望在实践中得到锻炼和提高，因此我希望加入贵单位。我会踏踏实实地做好自己的工作,竭尽全力地在工作中取得好成绩。我相信通过勤奋和努力，我一定会做出应有的贡献。

感谢您在百忙之中给予我的关注，愿贵单位蒸蒸日上，屡创佳绩！祝您在事业上百尺竿头，更进一步！

希望领导能够对我予以考虑，我热切期盼您的回音。谢谢！

此致

敬礼！

求职人：×××

20××年××月××日

第四课　感谢信、慰问信和贺信

应知导航

1. 了解感谢信、慰问信、贺信的概念。
2. 掌握感谢信、慰问信、贺信的写作格式及写作要求。

知识探究

一、感谢信的概念

感谢信是得到对方的帮助、关怀和支持后为表示感谢而写的一种书信。

二、慰问信的概念

慰问信是以组织或个人的名义向辛勤工作的集体或个人表示问候、慰劳或向军烈属、灾区人民、伤病员表示关怀和问候时使用的一种书信。借用电报形式拍发的慰问信又称慰问电。

三、贺信的概念

贺信是组织或个人向取得重大成就的集体或个人表示祝贺时使用的一种书信。借用电报形式拍发的贺信又称贺电。贺信既可以用来表彰、赞扬对方在某方面取得的巨大成就和做出的巨大贡献，又可以用于向亲朋好友的乔迁新居、寿辰、婚姻喜庆等表示祝贺。

写作指南

一、感谢信的写作格式及写作要求

1. 感谢信的写作格式

（1）标题。标题即在首行居中写明的"感谢信"或"致×××的感谢信"。

（2）称呼。称呼即在第二行顶格写明的被感谢的单位名称或个人姓名、称谓。

（3）正文。正文主要写明感谢的内容及感激之情。首先，要交代清楚时间、地点、人物、事情的起因和结果，要着重叙述在关键时刻对方给予的支持和帮助，以及其产生的效果和影响。其次，要热情赞颂对方的可贵精神，要做到态度诚恳、感情真挚。

（4）结语。结语通常为表示祝颂的话语，如"此致敬礼""致以诚挚的谢意"。

（5）落款。落款包括在结语的右下方署上的单位名称或个人姓名，以及写在署名下一行的日期。

2. 感谢信的写作要求

一是要把被感谢者的事迹叙述清楚，并适当加以评论，以突出事迹的深刻意义。二是表达谢意和学习的决心，感情要真挚，评价要恰当。三是语言要得体，篇幅要简短。

二、慰问信、贺信的写作格式及写作要求

1. 慰问信、贺信的写作格式

慰问信、贺信的格式和写法与感谢信的格式和写法基本相同，分为标题、称呼、正文、结语和落款五部分。慰问信的正文一般先写明慰问的背景、原因，以引出下文，然后叙述事实，可写遇到的困难事件本身，也可介绍他人的事迹等，最后结合形势提出殷切的希望或表示共同的愿望和决心。贺信的正文要概括被祝贺者取得的成绩，结合当时形势表示赞扬和祝贺，分析被祝贺者取得成绩的原因，最后向被祝贺者提出希望或表达祝愿。

2. 慰问信、贺信的写作要求

（1）慰问信的写作要求。一是明确对象，分清情由。对于在工作中有贡献的集体或个人，要肯定他们的成绩，鼓励他们戒骄戒躁，继续努力；对于遇到困难和挫折的集体或个人，则应理解其面临的处境，并表示关怀和支持；在传统节日向特定对象（军烈属、离退休职工）慰问时，应向他们表示问候和祝愿。二是语言要亲切、热情，富有感情色彩。

（2）贺信的写作要求。一是态度要诚恳，感情要真挚，切不可虚情假意。二是内容要集中、单一，不谈与祝贺无关的事，避免使用不吉祥的词语。三是对被祝贺者的评价、赞颂要恰如其分。四是措辞要得体，语调要热烈、欢快。

知识拓展

【示例一】感谢信

感谢信

××农科所：

今年6月，在我乡玉米发生大面积虫害、生长严重受阻的紧急时刻，贵所派出多名农业技术人员来我乡治理病虫害。你们深入田间地头，顶骄阳、冒大雨，不辞辛劳地走访并耐心指导了数十家农户，避免了大面积玉米绝收。目前玉米长势良好，丰收在望。

在此，我谨代表我乡的广大农民向你们热切的关心和敬业的精神表示衷心的感谢！

我们决心在党的正确指引下，继续努力生产，以实际行动答谢你们的帮助和关怀。

此致

敬礼！

××乡人民政府（盖章）

××××年××月××日

> **评析**
>
> 这封感谢信措辞得体、态度诚恳、饱含感情。正文部分概括了主要事件，突出了对方给予的重要帮助，并真诚地表示谢意和决心。

【示例二】慰问信

给春节期间坚守工作岗位的职工及其家属的慰问信

全体职工及其家属同志们：

值此新春佳节之际，向你们致以节日的问候和崇高的敬意！春节是中华民族的传统节日，历来受到人们的高度重视。在此期间，千家万户欢聚一堂辞旧迎新，亲朋好友举杯开怀叙情联谊，大家都陶醉在节日的欢乐气氛中。可是你们——坚守工作岗位的职工同志，为了抢时间、争速度、为我国一项重点建设工程赶制成套优质设备，主动提出春节期间不休息，仍然战斗在生产第一线；还有你们——我厂职工家属同志们，放弃节日欢聚，不仅没有怨言，还把饺子送到车间，并帮助工厂做些力所能及的事情……所有这些，都充分显示了中国工人阶级的伟大胸怀和崇高的精神境界！你们这种大公无私的精神，值得称赞，值得学习，值得嘉奖！

同志们，春节期间你们虽然没有休息，没能与家人很好地团聚，但你们的春节是最有意义的。厂领导感谢你们，全国人民感谢你们！让我们再次向你们表示亲切的慰问和衷心的感谢！

此致

敬礼！

中共×××厂委员会（盖章）

××××年××月××日

> **评　析**
>
> 这封慰问信表现了厂领导对全体职工及其家属的亲切关怀，并热情地赞颂了全体职工及其家属的可贵品质和高尚风格。全文语气亲切、热情、诚恳。

【示例三】贺信

贺信

××公司：

欣闻今年5月2日是贵公司成立十周年纪念日，我们谨此表示热烈祝贺！

十年来，贵公司全体职工发扬了创新求实、艰苦奋斗的工作精神，建成了一批优质高档的住宅小区，创造了优异的经济效益和社会效益，在建设和谐社会中发挥了积极作用。贵公司培养了大批房地产专业技术骨干，为××地区房地产行业的可持续发展储备了大量人才。

相信贵公司在未来的发展道路上一定会一帆风顺。

十年来，贵公司在技术和资金等方面给我司以无私的帮助和支援。为此我们表示衷心的感谢！祝愿我们之间的合作取得更大的成果！

祝贵公司在新的发展阶段取得更大的成绩！

此致

敬礼！

××公司（盖章）

××××年××月××日

第五课 倡议书、建议书和申请书

应知导航

1. 了解倡议书、建议书和申请书的概念。
2. 掌握倡议书、建议书和申请书的写作格式。

知识探究

一、倡议书的概念

倡议书是个人或团体为开展某项活动而发出提议，号召大家积极响应而使用的一种书信。倡议书具有广泛的群众性，既可以对一个地区、一个系统发出倡议，也可以在全国范围内发出倡议。

二、建议书的概念

建议书是个人或团体就某一亟待解决的问题提出自己的看法和主张时所使用的一种书信。建议书使用范围广泛，针对性强。

三、申请书的概念

申请书是个人或团体向上级组织、机关或单位领导表达某种愿望、提出某种请求时所使用的一种书信。申请书是个人与组织、下级与上级进行沟通的一种重要手段。

写作指南

一、倡议书的写作格式

（1）标题。在首行居中写"倡议书"或"关于×××的倡议"或"×××（倡议者）关于×××的倡议"。

（2）称呼。第二行顶格写号召的对象。

（3）正文。这是倡议书的核心部分，需要先说明倡议的背景和目的，再分条写倡议的具体内容。正文部分的重点是清晰、明确地说明倡议事项。

（4）结语。正文后另起一段概括地提出希望，号召大家响应和支持。这部分要富有号召力。

（5）落款。倡议者在结语的右下方署上自己的名称，在署名的下一行写上日期。

二、建议书的写作格式

（1）标题。在首行居中写"建议书"或"关于×××的建议"或"×××（建议者）关于×××的建议"。

（2）称呼。第二行顶格写接收建议书的单位名称或领导的姓名、职务。

（3）正文。首先写明建议的原因，说明建议所涉及的问题及其重要性，以突出建议的必要性和合理性，然后写明建议的具体事项，建议的事项若有多条，可以分条列项写清楚。正文部分的重点是清楚说明建议内容，用一定的分析来说明自己看法或主张的正确性。

（4）结语。礼貌地表示自己的建议仅供参考，如"以上建议，不当之处，请批评""以上建议仅为个人见解，冒昧提出，仅供参考"。也可在结语表达出希望建议被采纳的愿望。

（5）落款。建议者在结语的右下方署上自己的名称，在署名的下一行写上日期。

三、申请书的写作格式

（1）标题。一般应写明申请内容，如首行居中写"入团申请书""开业申请书"等。

（2）称呼。第二行顶格写接收申请书的单位名称或领导的姓名、职务。

（3）正文。正文部分包括向领导或组织提出申请的内容，写申请书的目的、意义及对这件事情的认识，以及自己的决心。

（4）结语。正文后写致敬语。

（5）落款。申请者在结语的右下方署上自己的名称，在署名的下一行写上日期。

知识拓展

【示例一】倡议书

倡议书

××市建筑行业外来务工的同行们：

由市委宣传部、市文明办、市委城建工委等 8 家单位在全市联合开展的"文明乘车从我做起"活动已于 4 月 1 日拉开序幕。作为来自祖国各地的 50 万进××市施工人员，有幸参加××市的建设，我们由衷地感到光荣。我们深深感到，在××市工作就要跟上建设现代化大都市的步伐，但我们大多来自农村，无论在习惯上还是观念上都与这里的人有很大不同。在此，我们向全市建筑行业外来务工的同行们、朋友们发出倡议：全体外地来××市施工人员立即动员起来，身体力行，努力做到以下几点。

第一，要提高对"建首善、创一流"目标的认识，加强建设××、争做××文明市民的意识，积极投身到全市开展的"文明乘车从我做起"活动中。我们要建设××、爱护××，自觉做到文明乘车，为××市的建设和发展做出贡献。

第二，进××市施工企业的党员、团员要在"文明乘车从我做起"活动中发挥先锋模范作用，同时做好本职工作，带动广大职工圆满完成××工程及 60 项重大建设工程的任务，为城建系统争光，为家乡争光，为××争光。

第三，要牢固树立公德意识，自觉遵守乘车秩序，有序上下车，礼貌让座，助人为乐，从一件小事做起，从身边的事做起，从今天做起，树立文明礼貌、热情大方的××市民新形象。

第四，要认真参加"做一名文明乘客，为文明乘车献计献策"讨论活动，发动同伴，互相提醒，尊老爱幼，遵守和维护乘车秩序。

期望我们和全市人民一起，为共建文明乘车秩序、树立良好道德风尚做出贡献。

××省××市第三建筑集团公司全体施工人员

××××年××月××日

评 析

这份倡议书的正文首段写明倡议缘由，接着用"努力做到以下几点"过渡到具体内容，且将具体内容分条逐一列出，层次分明，目的明确，条理清楚，最后提出希望，言辞恳切。

【示例二】建议书

建议书

××市场管理处：

开放农副产品贸易市场既方便了群众生活，又增加了农民收入，深受广大群众欢迎。市场管理部门在稳定市场物价等工作中取得了显著成效，保证了农副产品贸易市场的健康发展。市场繁荣、工农两利，这是一件大好事。然而，农副产品贸易市场里的挤、脏、乱现象日益严重。夏季临近，为了进一步活跃市场，改善管理，做到既方便生活，又保证卫生，我提出以下几点建议。

1."挤"是因为人多、摊多、车多。建议酌情扩大现有市场面积和另辟新的市场，在市场出口处设立存车处，禁止自行车、三轮车和机动车在市场穿行，保证市场交通畅通。

2."脏"是因为清洁人员未及时清扫、摊主不注意保持清洁。建议用砖石、竹片、铁筋等砌制一些简易柜台、货架，画线编号，对号设摊；并添置一些铝制、塑料容器，登记出租。这样既能保持市场整齐，又能方便买卖交易。

3."乱"是因为一些商贩违规摆摊设点。建议卫生监督管理人员定期对农副产品贸易市场进行整顿，严禁违规摆摊设点。对于无视市场秩序、屡教不改者进行相应的经济处罚。

以上建议仅是个人之见，冒昧提出，仅供参考。

此致

敬礼！

××学校×××

××××年××月××日

评 析

这份建议书结构完整，内容具体。正文首先写明了建议的原因和目的，然后用"我提出以下几点建议"过渡到具体内容，并分条列出，条理清楚，合情合理，最后用谦逊语结尾。

【示例三】申请书

助学申请书

尊敬的××银行××分理处领导：

　　我是××大学经济管理系××级财政与金融专业学生××，女，身份证号：×××××××××××××××××××。为了继续求学，顺利完成学业，我向贵行提出申请助学贷款，希望可以获得适当的帮助。

　　全家6口人的生活来源仅有双亲微薄的耕作收入，爷爷常年卧床无法下地行走，弟弟也在读书。双亲的担子一天比一天重，身体状态也大不如从前，如今已经无力支付我的学杂费。虽然我在课余时间会做些兼职，但所得收入还不足以支付学费。

　　本人愿意遵守与贵行所签订的贷款合同的所有条款并承担相应法律责任和经济责任；认真履行相应义务，按时还本付息；在学校遵守规章制度，认真学习，争取把每分钱都用在该用的地方。恳请领导给予批准支持，不胜感激。

　　此致

敬礼！

申请人：××

××××年××月××日

> **评　析**
>
> 　　这份申请书言辞恳切、态度诚恳。正文首先指出申请内容，然后主要叙述了申请的原因，最后表达了自己的决心。

第六课　计划

应知导航

　　1. 了解计划的概念及特点。

　　2. 掌握计划的写作格式。

知识探究

一、计划的概念

　　计划是党政机关、企事业单位、社会团体或个人在开展工作或行动以前，预先拟订具体内容或展开步骤而形成的文书。

　　规划、纲要、方案、设想、安排等都属于计划，只是根据时间长短和内容详略有所区别。规划是一种比较全面的、长远的发展计划，如《××经济开发区远景规划》。纲要是一种远期的、全面的、较概括的计划，但与规划相比，其原则性、指导性更强，如《全民健身计划纲要》。方案是一种针对某项工作提出的具体周密且专业性、单一性较强的工作计划，如《××公司电子仪器设备引进方案》。设想是一种初步的、预备性的、有待进一步完善的非正式计划，如《××职业技术学校人事制度改革设想》。安排是一种时间短、范围小、内容具体、侧重实施的计划，如《××职业技术学校2023年寒假工作安排》。

二、计划的特点

（1）预见性。计划先于实践活动，它要预先考虑做什么、如何做、实施过程中可能遇到什么情况和问题、应采取哪些相应的对策等。

（2）目的性。计划是为达到某个目标、完成某项任务而制订的，具有明确的目的性。目的是否实现也是检验一份计划最终效果的标尺。

（3）可行性。制订计划必须从实际出发，量力而行。一份计划为实现预期目标，必须有切实可行的措施与方法。

写作指南

计划的常见结构形式有三种：① 条款式，即将计划的正文部分分为若干条款并逐一说明；② 表格式，常用于安排内容单一的具体事项，如财务计划、销售计划等；③兼备条款式和表格式两种格式。

计划的写作格式

一、条款式计划的写作格式

条款式计划一般由标题、正文、落款三部分组成。

（1）标题。标题即计划的名称，写在首行正中位置，一般包括制订计划的单位名称、执行计划的时间、事项和文种，如"××学校2023年开展植树造林美化校园活动的计划"。

（2）正文。正文即计划的内容，一般包括三部分：开头、主体和结尾。

① 开头部分也称前言、导言，需写明制订计划的指导思想、目的和基本情况，这是制订计划的基础。开头常用"特制订计划如下"等过渡语导出下文。

② 主体部分是计划的核心，由目标、步骤、措施三项内容组成，称为计划的三要素。

- 目标包括指标、任务或工作项目等内容。目标要写得具体明确，以便计划的执行者心中有数。
- 步骤即先做什么，后做什么；主要抓什么，次要抓什么；每一步何时完成，达到什么程度。步骤要环环紧扣。
- 措施需写明本部门要利用什么条件，采取哪些方法，克服什么困难；下属部门如何分工合作，各负什么责任等。措施要写得全面、切实、具体。

以上三要素缺一不可。在具体写法上，目标一般要单列；步骤、措施及这两项中的时间、责任者等内容，可以分别列段、列项书写，也可以整体书写。

③ 结尾部分是对正文的补充，可以用简短的语言提出号召和希望；也可以对前景进行展望，给人鼓舞；还可以写完成计划的信心和决心。

（3）落款。计划制订者应在正文右下方署上自己的名称（单位名称或个人姓名），在署名的下一行写上日期。有的计划还要写出报送单位及有关人员。

二、表格式计划的写作格式

表格式计划是把计划的任务等内容列成表格。任务项目多、数据多而无须多加说明的计划（如生产进度计划、营销计划），可采用这种形式。它的优点是方便阅读，一目了然。

知识拓展

【示例】表格式计划

表 6-2 所示为公共关系培训班面授辅导计划。

表 6-2　公共关系培训班面授辅导计划

时间	辅导课程	主讲人	其他事项
4 月 2 日 13:30—16:30	应用文概论	郭 ×	发教材
4 月 9 日 13:30—16:30	日常应用文	张 ×	
4 月 16 日 13:30—16:30	行政公文	吴 ×	发模拟试卷
4 月 23 日 13:30—16:30	经济应用文	沈 ×	发模拟试卷和准考证
5 月 7 日 13:30—16:30	总复习	杨 ×	

注：① 上课地点均在 ×× 学院综合大楼 × 楼 ××× 教室。
　　② 培训班联系电话：××××××××××。
　　③ 联系人：周先生。

评　析

这份表格式计划内容简洁、目标明确、清晰醒目。

第七课　总结

应知导航

1. 了解总结的概念及特点。
2. 掌握总结的写作格式。

知识探究

一、总结的概念

总结是对某个时期的学习、工作或某项活动进行分析、评价，从中归纳经验与教训，以提高水平、指导今后的学习、工作或举办活动的一种应用文。

二、总结的特点

（1）实践性。总结是实践的结晶，必须依靠实践活动作为平台来反映具体内容，揭示规律性的内容。

（2）指导性。回顾过去是为了指导未来，这是总结的目的与意义。

（3）真实性。总结中对于成绩和问题的认识必须基于对事实的正确分析和研究。总结要能客观反映实际情况，事例、数据必须完全真实。

写作指南

总结和条款式计划一样，也是由标题、正文和落款三部分组成的。

一、标题

总结的标题一般有以下三种写法。

（1）文件式标题。文件式标题一般由单位名称、时间、内容和文种构成。这类标题比较严肃，常用于向上级呈报的总结，如"××市××职业学校2022年教学改革工作总结"。

（2）文章式标题。文章式标题需在一行标题中概括出总结的主要内容或基本观点，不直接出现"总结"字样，如"加强科学管理是企业发展的关键"。

（3）综合式标题。综合式标题一般由正题和副题组成。正题采用文章式标题的形式，概括总结的主要内容，副题采用文件式标题的形式，写明单位名称、时间、内容、文种等，如"坚持党的领导，促进文艺繁荣——××市2022年文艺工作总结"。

二、正文

正文一般包括开头、主体和结尾三部分。

（1）开头。开头一般先简明扼要地介绍某个阶段工作或任务的基本情况（时间、地点、背景、工作进程、总体收获等），然后用"现将工作情况总结如下"进行过渡。

（2）主体。主体通过对基本情况进行综合分析和研究，详细、具体地阐述主要收获和成绩、经验和体会、存在的问题和教训。主体是总结的关键。其具体要求包括观点明确突出，材料典型充实，观点与材料相统一，有点有面，有分析有概括。这部分篇幅大，内容丰富，写作时可根据需要分别采取分块式和过程式结构形式。分块式即将内容分为收获成绩、经验体会及教训等部分，前后有序。过程式是以工作过程为序，把工作分成几个阶段，先阐述工作过程的阶段、步骤，再归纳出相应的经验教训。

（3）结尾。结尾主要写今后的打算和努力方向，也可以把存在的问题写在这一部分，然后写今后的改进意见和设想。结尾要简洁、明确、有力。

三、落款

总结的署名有两种形式：一是在正文的右下方写单位名称或个人姓名，二是在标题下方写单位名称或个人姓名。若署名出现在正文的右下方，日期则写在署名之下；若署名出现在标题下方，日期则写在文末右下方。

知识拓展

【示例】总结

××县委督查室职员2022年度个人工作总结

今年，我从通讯员岗位转到了督查岗位。在办公室领导和机关全体同志的关怀、帮助和支持下，我紧紧围绕县委督查室的中心工作，充分发挥岗位职能，不断改进工作方法，提高工作效率，以"服从领导、团结同志、认真学习、扎实工作"为准则，始终坚持高标准、严要求，较好地完成了各项工作任务。我始终把学习放在重要位置，努力在提高自身综合素质上下功夫；在政治学习方面，进一步增强了党性，提高了政治洞察力，牢固树立了全心全意为人民服务的宗旨和正确的世界观、人生观、价值观。现将本人2022年的具体工作总结如下。

一、一年来的工作表现

（1）强化形象，提高自身素质。为做好督查工作，我坚持严格要求自己，注重以身作则，以诚待人。一是爱岗敬业讲奉献。综合部门工作的最大规律就是"无规律"，因此，我在全面分析自身的工作和价值的基础上，正确处理苦与乐、得与失、个人利益和集体利益的关系，坚持甘于奉献、诚实敬业。二是锤炼业务讲提高。经过半年的学习和锻炼，我在文字功夫上取得了一定的进步，撰写督查专报12份、调研报告10余篇。我在学习办公室资料及为各部门校稿的过程中，细心学习他人的长处，改正自己的不足，并虚心向领导、同事请教，在不断学习和探索中使自己在文字材料的撰写上有所提高。

（2）严于律己，不断加强作风建设。一年来我对自身严格要求，始终把耐得平淡、舍得付出、默默无闻作为自己的准则，始终把作风建设的重点放在严谨、细致、扎实、求实、脚踏实地、埋头苦干上。在工作中，我以制度、纪律规范自己的言行，严格遵守机关的各项规章制度，尊重领导，团结同志，谦虚谨慎，主动接受来自各方面的意见，不断改进工作；不利于机关形象的事不做，不利于机关形象的话不说，积极维护机关的良好形象。

（3）强化职能，做好服务工作。在工作中，我注重把握根本，努力提高服务水平。科室人手少，工作量大，这就需要科室人员团结协作。在这一年里，遇到各类活动和会议时，我都积极配合做好会务工作，与同事心往一处想、劲往一处使，不计较谁干得多、谁干得少，只希望把工作圆满完成。

二、工作中的不足与今后的努力方向

我虽然取得了一定的成绩，但也存在一些不足，主要是思想解放程度还不够，学习、服务上做得还不够，对政治理论和文字基础的学习抓得还不够，学习的系统性和深度还不够。在今后的工作中，我一定认真总结经验、克服不足，努力把工作做得更好。

（1）发扬吃苦耐劳精神。面对督查事务杂、任务重的工作状况，我会继续主动找事干，做到"眼勤、嘴勤、手勤、腿勤"，积极适应各种艰苦环境，在繁重的工作中磨炼意志，增长才干。

（2）发扬孜孜不倦的进取精神。我会继续加强学习，勇于实践，博览群书，在学习书本知识的同时注意收集各类信息，广泛吸取各种"营养"；同时，讲究学习方法，端正学习态度，提高学习效率，努力让自己具有扎实的理论功底、辩证的思维方法、正确的思想观念、踏实的工作作风。

（3）当好助手。对于各项决策和出现的问题，我会及时提出合理的建议和解决办法，供领导参考。

三、对办公室及科室的建议

（1）各科室增加工作积极性。办公室与各科室可实施年度目标责任制，各科室之间可实施竞争激励机制。实施竞争激励机制，奖励先进，鞭策后进，有利于加强机关思想作风建设，更好地为全县的发展服务。

（2）各科室增强工作的主动性。各科室在完成领导交办事项之余，可抽出时间做几项专项督查，发挥主动性，更好地做好科室工作。

总之，一年来我做了一定的工作，也取得了一些成绩，但距领导和同事们的要求还有一定差距。在今后的工作中，我将发挥优势，克服不足，以对工作、对事业高度负责的态度脚踏实地、尽职尽责地做好各项工作，不辜负领导和同事们对我的期望。

督查岗文员：××

2022 年 ×× 月 ×× 日

> **评　析**
>
> 这篇年度个人工作总结采用文件式标题。正文开头交代了工作的基本情况，并用"现将本人 2022 年的具体工作总结如下"引出正文的主体。正文的主体分为三部分，每一个部分都采用条款式详细陈述，层次分明，结构完整。落款处写明了署名和日期。

第八课　会议记录

应知导航

1. 了解会议记录的概念、种类及特点。
2. 掌握会议记录的写作格式、写作方法及写作要求。

知识探究

会议记录

一、会议记录的概念和种类

会议记录是在开会过程中由专门的记录人把会议基本情况、会议内容如实记录下来的书面材料。

会议记录可以作为会后传达会议精神、执行会议决议、撰写会议纪要及上报会议情况的重要依据。同时，它也是回顾、检查、总结工作或分析、研究、部署下一步工作的依据。重要的会议记录还应加以整理，存档备查，这种会议的原始记录是弥足珍贵的历史资料。

常见的会议记录有两种：详细记录和摘要式记录。详细记录要求对每个人的发言内容做完整、准确的记录。摘要式记录需提纲挈领地记录会议上报告或传达的事情、讨论的问题、通过的决议等，不必详细记录每个发言人的讲谈情况。

二、会议记录的特点

（1）实录性。会议记录要求记录人如实记录会议内容，不允许在记录过程中加入个人观点，更不能弄虚作假。

（2）具体性。会议内容要具体、完整，要点不能漏记或少记。

（3）及时性。会议记录要迅速及时，录音、录像等须和被记录对象的运动同步；笔记也要紧随其后，尽量跟上被记录对象的语速。短暂的迟疑、停顿都有可能导致记录内容的遗漏、错乱；较长时间的间隔则易造成记录的失真。

写作指南

一、会议记录的写作格式

会议记录由标题、会议组织情况、会议内容和尾部四部分组成。

1. 标题

标题有两种写法：一种是"会议名称＋记录"，如"××市职教中心退休干部春节座谈会记录"；另一种是"会议内容＋记录"，如"××酒店关于加强国庆节消防安全工作会的记录"。

2. 会议组织情况

会议组织情况包括会议的时间、地点、出席人、缺席人、列席人、主持人、记录人和议题八项内容。

（1）时间：写清楚年、月、日、时、分，如"2022 年 7 月 10 日 8：30"。

（2）地点：写清楚开会的具体地点。

（3）出席人：一般会议由记录人记录出席人的姓名，顺序按出席人的职务排列，出席人过多时可只写出席人的范围，如"××学校××年级全体教师"；重要会议应由出席人亲自签到。

（4）缺席人：重大会议或缺席人数不多时，应写上缺席人的姓名、缺席原因，如"王××因病未到"；缺席人数多且原因又一时难以查清时，可只写缺席人数。

（5）列席人（不属于本次会议的正式成员，但与会议有关的人员）：写清重要列席人的姓名、职务。

（6）主持人：写清楚主持人的姓名、职务。

（7）记录人：写上记录人的姓名，有几个写几个，必要时注明其职务。

（8）议题：会议讨论的中心问题，可以在会前确定，也可以从会议通知、主持人的开场白或会议内容中归纳出来。

3. 会议内容

会议内容是会议记录的主体部分，需要记录人认真记录。会议内容包括主持人开场白、主题报告、与会者讨论发言和会议决议四项内容。

主持人开场白：主持人通常会传达出会议意图，需要记录人重点记录。

主题报告：如果发言人没有书面讲话稿，详细记录中需要记录人完整记下其发言内容，摘要式记录中需要记录人记录下发言人的讲话要点；如果发言人有书面讲话稿，记录人只需记录报告的题目，写明"内容见附件"。

与会者讨论发言：记录人需要按发言顺序记录下每位发言人的发言内容。

会议决议（会议最后形成的结果）：决议内容有的来自主持人的总结讲话，有的需要记录人从表决发言的内容中提炼。有些会议经过讨论，没有达成一致意见，无法形成决议，记录人需要在记录中注明"暂不决议"。

4. 尾部

会议结束时，记录人应在会议内容后另起一段写上"散会"，最好在"散会"前注明散会时间。记录人应在"散会"的右下方签上自己的姓名，交主持人过目后让主持人签上自己的姓名。

二、会议记录的写作方法

1. 详细记录

详细记录又称实录，要求把会议的全部情况尽可能也记录下来。对于重要的发言，记录人不仅要完整无遗地记录发言内容，而且要把发言人的语气、表情、语言风格及会场气氛都记录下来。

2. 摘要式记录

摘要式记录又称简录，即提纲挈领地做重点记录，简明地反映会议内容的要点。对于会议情况，记录人要着重记录议题、议程、结论意见、决议事项等，而不反映一般的进程。对于与会者的发言，记录人要着重记录中心意思、发言要点。一般性会议、一般性发言通常采用摘要式记录。

对于一些重要的会议，记录人还可以采用现代电子声像技术手段进行录音、摄像。会议现场录制的录音、录像也可以作为一种特殊的会议记录。根据录音，记录人既可以将会议信息整理成详细记录，也可以将会议信息整理成摘要式记录。

三、会议记录的写作要求

会议记录要求快速、准确、全面、清楚。快速即书写速度快，要求记录人具备速记能力，掌握一些速记方法。准确要求记录能客观地反映会议内容，准确地记录发言人的本意。因此，记录人要集中精力听发言，专心致志做记录。全面要求记录内容全面、完整，与主题有关的内容不能有缺漏。清楚要求页面要整洁，标点使用规范。

知识拓展

【示例】会议记录

××学院第×次办公会议记录

时间：××××年××月××日

地点：学校第一会议室

出席人：罗××（院长）、吴××（总务处长）、黄××（院长办公室主任）、谢××（院长办公室秘书），以及各部门主要负责人

缺席人：朱××、王×（外出开会）

主持人：罗××（院长）

记录人：谢××（院长办公室秘书）

议题：我院如何抓好行政费用的合理开支

一、报告

（1）吴××（总务处长）报告学院基本建设进展情况。

（2）主持人传达省人民政府《关于压缩行政经费的通知》（以下简称《通知》）。

二、讨论

我院如何按照省人民政府的《通知》精神，抓好行政费用的合理开支，切实做到既

勤俭节约，又不影响正常教学、科研等活动的开展。

三、决议

（1）利用两个半天的时间组织有关人员集中传达、学习《通知》精神，提高认识，统一思想。

（2）各系各单位负责人在认真学习的基础上，利用下周政治学习时间向群众传达、宣传《通知》精神。

（3）各系各单位责成有关人员根据《通知》的压缩指标，重新审查和修订本年度行政经费开支预算，并于两周内报院长办公室。

（4）各系各单位必须严格控制派出外校学习和开会的人数，财务部门更要严格把关。

（5）利用学习和贯彻《通知》精神的机会，对全院师生员工开展一次勤俭节约、艰苦朴素的传统教育。

散会。

主持人：罗××

记录人：谢××

××××年××月××日

评析

这份摘要式记录的标题采用完全式，全文格式规范，表达明确。会议的内容分为报告、讨论和决议三部分，层次清晰。全文对会议传达的事情、讨论的问题和通过的决议进行了简明扼要的记录。由于篇幅有限，本会议记录没有列出讨论中部分发言人的谈话要点。

第九课　简报

应知导航

1. 了解简报的概念、特点及种类。
2. 掌握简报的写作格式。

知识探究

一、简报的概念

简报，又称简讯、情况交流、情况反映、内部参考，是单位内部为迅速反映日常工作和业务活动情况而编发的带有新闻性质的书面材料。简报的编发不仅便于上级单位及时了解下情，为上级单位制定方针政策提供可靠的依据，也便于下级单位正确领会上级单位的有关指示和工作意图，及时得到指导和帮助，并参照落实，还便于平级单位沟通情况、交流经验、探讨问题、互相配合，加快工作步伐。

二、简报的特点

（1）简。每篇简报一般只反映一件事，而且篇幅多在 1000 字以内。

（2）快。简报以报道突发情况或问题见长，有很强的时效性。简报反映的情况、传递的信息要迅速、及时。

（3）新。简报要报道单位内部发生的新情况、新问题、新经验。

（4）准。简报必须突出反映情况或问题的本质，确保内容中的事件、人物、时间、地点等信息真实可靠。

三、简报的种类

简报按性质和内容分，有情况简报、会议简报、动态简报等。

（1）情况简报又称工作简报、业务简报，是一种反映本地区、本系统、本部门日常工作或问题的经常性简报。情况简报包含的内容较广，既有国家的方针政策及上级指示，也有工作情况、成绩与问题、经验教训、表扬与批评，还包括对上级某些政策或指示执行的步骤、措施等。

（2）会议简报是会议期间反映会议情况的简报。它是一种临时性简报，内容包括会议期间领导的重要讲话、会议中的发言情况、会议期间的活动、会议决定等。规模较大、时间较长的会议需要编发多期简报，以起到及时交流情况、推动会议的作用。小型会议结束后写一期较全面的总结性的简报即可。

（3）动态简报是迅速、及时地反映近期发生的新情况、新动向的简报。动态简报包括情况动态简报和思想动态简报两种。情况动态简报主要反映本部门、本系统的工作情况；思想动态简报主要反映社会各阶层对国家方针政策的认识、社会上出现的新观念、群众的思想状况等。这类简报一般时效性、机密性较强，要求迅速编发，发送范围有一定限制，需要接收人在某一个时期、某一阶段保密。

写作指南

简报一般包括报头、报体和报尾三部分。

一、报头

报头在简报首页的上方，版面约占整页的 1/3，用一条横线与下方的正文隔开。报头包括以下五部分。

（1）编号、密级。有的简报会在报头的右上侧注明编号，有的简报会在报头的左上侧注明"内部刊物注意保密"字样。如果需要标注保密等级，则在报头的左上侧注明。

（2）简报名称。简报的名称很多，最常用的是"工作简报""会议简报"。政府机关的简报名称一般需要套红印刷。

（3）期数。期数在简报名称下方用小号字注明。如果是多期简报，应在"第 × 期"后加括号注明"总第 × 期"。

（4）编发单位。编发单位要顶格写在期数的左下角，如"中共 ×× 区委办公室编"。

（5）印发时间。印发时间要写在期数的右下角。

二、报体

报体分为标题和正文两部分。

（1）标题。简报的标题多用单行式标题，揭示简报的主旨和主要内容。双行式标题常见于会议简报，正标题揭示会议的主题，副标题补充说明会议的名称。

另外，内容重要的简报在标题前常有按语，即编者按，说明编发这份简报的原因或目的，以引起读者的重视。按语多数是根据单位领导的意见撰写的，具有指导性，一般用于主管单位下发给所属基层单位的简报。

（2）正文。正文一般包括导语、主体和结尾三部分。导语部分要用极其简洁、明确的几句话或一段话总结全文的中心或主要内容，点出主题；一般要交代清楚什么人，在什么时候，做了什么事，结果怎样。主体部分是简报的主干，要用有说服力的典型材料把开头的内容具体化。这部分的内容可以按照事情发生、发展的先后顺序来写；也可以按照事情的内在联系来写，如主管单位综合几个所属基层单位的工作情况的简报或反映同一工作不同方面情况的简报；还可以按照提出问题、分析问题、解决问题的逻辑顺序来写。结尾部分可以用几句话小结前面的内容，概括、深化主题，以加深读者的印象，如指明事物的发展趋势，发出具体号召或提出今后的打算。

三、报尾

报尾一般在末尾间隔线下端写明发送范围，包括"报：×××（上级单位）""送：×××（同级或不相隶属机关）""发：×××（下级机关）"。此外，印发份数要标在报尾的右下方。在本单位内部制发的简报不需要写发送范围。

简报的样式如图6-1所示。

秘　密	
× × 简报	
第 × 期	
×××××编	××××年××月××日

编者按：×××。

标题

正文：×××。

报送：×××、×××、×××
抄送：×××××、×××××、××××

（共印 ×× 份）

注：虚线框仅为示意，实际并不印出。

图 6-1　简报的样式

知识拓展

【示例】简报

××小学教育简报

第 23 期

××乡××小学办公室编　　　　　　　　　　××××年××月××日

关注生命，预防洪汛

近期因受台风影响，雷雨天气频繁，学校防汛工作责任重大。为了认真贯彻落实学校《关于做好××××年秋季学期防洪工作通知》的文件精神，圆满地完成今年的防雨防汛工作任务，确保师生人身安全及学校的财产不受损失，学校严格坚持"安全第一，常备不懈，预防为主，全力抢险"的方针和做到"防患于未然"，使校园内外排水畅通，院内无积水，房屋不漏雨。

××××年××月××日上午，在校长×××的组织和带领下，全校教师对校园及学校的周边环境进行了全面自查。学校成立了防汛抗洪安全工作领导小组，明确了各领导小组成员的具体职能责任。××××年××月××日，校长×××通过晨会对全校学生进行了安全教育。此次安全教育的重点是教会学生在雨天如何进行自我保护，周末返校及回家途中遇到山体滑坡、泥石流时如何自救等，并要求各班教师与家长保持电话联络，确保汛期通信畅通，保证学生的人身安全。

排查结果显示，各教室、办公室门窗、房顶无漏雨现象，无安全隐患存在。学校用电设施、电源及校内外的电气线路的安全隐患主要是电线裸露。

除此之外，各班已召开"汛期防洪、防泥石流"主题班会，对学生进行汛期的安全教育。每个班在班会中组织学生开展汛期安全教育，同时出一期防汛安全教育板报，将雨季和台风期间可能会出现的情况和应急自我保护方法告诉每一位学生。

报送：××乡教育局

（共印 10 份）

评 析

这份会议简报格式规范、内容完整。它首先用简明的语言概括说明本次主题教育的概况，继而对主题教育的内容进行报道，介绍了主题教育的开展情况。

第十课　调查报告

应知导航

1. 了解调查报告的概念、特点及种类。
2. 掌握调查报告的写作格式。

知识探究

一、调查报告的概念

调查报告是对某些客观事实及现象进行深入切实的调查和认真的分析研究后，把能反映这些客观事实及现象的本质性、规律性的调查结果陈述出来的一种应用文。形成调查报告要经过三个阶段：① 通过对某一客观事实、现象进行有目的、有准备、有方法的深入调查，从而获得丰富的材料；② 对材料进行科学的分析研究，从中找出本质性、规律性的内容，得出正确的结论；③ 把情况、分析和结论写成叙议结合的陈述性书面材料。

二、调查报告的特点

（1）针对性。调查报告要有明确的针对性；要根据实际需要，有选择地调查研究各种社会现象和问题，尤其是群众普遍关心和迫切要求解决的问题。调查报告的针对性越强，它的作用就越大。

（2）真实性。信息可靠、材料准确是调查报告的基础。调查报告以真实的材料为依据来分析客观存在的问题。

（3）典型性。选定的调查对象和使用的材料必须具有典型意义。调查对象和材料具有典型性，报告才有深刻性和吸引力，才具有普遍的指导意义。

（4）分析性。调查报告要求对已经掌握的各种材料进行分析研究，通过对事实的概括叙述和说明，揭示事物的本质和规律，得出正确的结论。

三、调查报告的种类

按所反映的内容，调查报告可以分为以下几类。

（1）反映情况的调查报告：侧重较全面地反映某地区、某单位、某行业某一方面的基本情况或综合情况，或说明基本面貌及发展趋势。

（2）介绍经验的调查报告：反映经验创造的过程、具体做法及所取得的成效、功绩等。

（3）揭露问题的调查报告：侧重用调查得到的事实材料揭露、分析问题，归纳、总结教训，提出解决意见。

（4）研究问题的调查报告：针对实际存在的有一定代表性或某种倾向性的问题，侧重反映问题的特点，分析问题存在的原因，提出切实可行的解决问题的意见和措施。

写作指南

调查报告一般包括标题、正文和署名三部分。

调查报告的写作
格式

一、标题

标题一般用简短的语句概括调查报告的中心内容。标题有单行式标题和双行式标题两种形式。单行式标题可以是公文式标题，通常由事由、文种组成，如"关于××超市选址的调查报告"；也可以是文章式标题，即像一般写文章一样拟定标题，如"提高职业的科学文化素

质是当务之急"。双行式标题由正题和副题组成，正题揭示主题，副题用于指明调查的内容和范围，如"同一地区的农村经济为什么发展有快有慢？——××市郊区 200 个村的调查"。

二、正文

调查报告的正文由前言、主体和结尾三部分组成。

（1）前言。前言的作用是为主体部分的展开做准备，常见的写法有叙述式和议论式。

① 叙述式，即用简短的几句话概括介绍调查的目的、对象、时间、地点、内容、方法等。

② 议论式，即用议论的方式揭示所要调查的问题的重要意义或点出报告的主要内容；有的采用设问式或自问自答式点出报告的主要内容，引起读者的关注。

（2）主体。这是正文的核心部分，既要具体地报告调查中发现的有关事实情况，如事实的经过、典型的事例、精确的数据、具体的做法、群众的反映等，也要提炼事实，引发认识，阐述观点，说明成绩与经验教训。主体部分的结构形式有以下三种。

① 纵式结构，即按调查的前后顺序或事物发展变化的过程组织材料。

② 横式结构，即按问题的性质或事物的特点组织材料，把有关材料分门别类，多用小标题标明各类问题与情况的性质、特点。

③ 纵横结合式结构，兼有纵式和横式的特点，总体上按时间顺序安排材料，在具体展开时又分类叙述。

（3）结尾。它的中心内容是总结调查的过程和主要结果，陈述调查研究的结论。有的调查报告还会在此阐明所调查现象产生的原因、造成的影响，并提出解决的办法或建议等。结尾部分要求语言精练、陈述明确，可以简明扼要地列出几点，清晰地表明调查研究的主要结果及研究者的看法和观点。

三、署名

调查报告的署名有两种方式：一是写在结尾右下方，注明单位名称和作者姓名；二是居中写在标题的下一行。

调查报告的写作模板如表 6-3 所示。

表 6-3　调查报告的写作模板

项目		要点
标题		简明概括文章的主旨，尽量不要超过 20 个汉字
正文	前言	提出问题，简要介绍调查的基本情况、目的或报告的主要内容
	主体	调查情况统计； 调查情况分析； 对调查结果的初步思考
	结尾	得出结论，提出解决问题的意见和建议，尽可能升华报告的主旨，使其具有指导性和现实意义
署名		单位名称和作者姓名

知识拓展

【示例】调查报告

大学生网上购物调查报告

一、调查目的

大学生是网上购物群体的重要组成部分。此次调查旨在了解大学生对网上购物的认识和接受情况。

二、调查对象及方法

（1）调查对象：××××大学××学院学生。

（2）资料收集方法：问卷调查方法，即向所取得的样本中的个体发放"大学生网上购物调查问卷"，了解大学生上网购物的基本情况。

（3）调查方法：对××学院的全体学生进行分层，在总体中抽取容量为60的样本，在每层中进行系统抽样；根据每层样本量占总体的比例，在3层中分别抽取容量为16、22、22的样本。

三、调查的内容

（1）大学生网购的经历。

（2）大学生网购的产品。

（3）影响大学生网购的因素。

四、调查结果分析

（1）大一学生样本中有9人进行网购，在该层中的比例为56.25%；大二学生样本中有15人进行网购，占该层的68.18%；大三学生样本中有11人进行网购，占该层的50%。此次调查有95%的把握推断××学院中网购人数的比例范围为45.36%～70.44%。

（2）在没有在网上购物的学生中，有近50%的学生认为网购不安全；而在有过网购行为的学生中，有97%的学生觉得网购值得信任。另外，在前者中有92%的学生表示会尝试网上购物。

（3）在网购人群中，因为节约费用而选择网购的占62%，部分学生是因为好奇和寻找新奇商品。在众多的购物网站中，学生是如何选择的呢？有48.57%的学生会把网站商品是否齐全作为他们选择购物网站的主要标准。其中，淘宝网名列前茅，有87.3%的学生选择在淘宝网购物。

（4）大家都在网上买些什么呢？经调查，数码产业位居榜首，数码产品的消费额占到总消费额的37.3%；其次是服装，占比达到27.87%；在网上买书也是一个不错的选择，占比达到19.67%。由于食品的特殊性（保鲜等问题），较少学生在网上购买食品。

（5）本次调查中，我们还对学生的网购消费水平进行了调查。有42%的学生每季网购一次，每月网购一次和每年网购一次的学生分别占总体的25.8%和27.5%。还有4.7%的学生平均每周网购一次。每次购物的平均金额在0～99.99元和100～500元的人数各占总人数的42.8%，其他金额范围分布较少。

（6）在网购过程中，学生难免会遇到一些困难。主要困难是商品描述不清楚，其次是商品数目繁多和网站太多。

五、调查结果总结

网上购物在大学生中已经普及，但仍存在很大的发展空间。阻碍大学生网购的主要因素是大学生对购物平台不够信任。如果购物平台能让大学生产生信任感，网购的方便、省时、商品齐全等优点可能会吸引绝大多数的学生开始网购。

附件　大学生网上购物调查问卷（略）

×× 调查小组

××××年 ×× 月 ×× 日

评　析

这篇市场调查报告层次分明、内容完整、格式规范。本篇调查报告的正文分为五个部分，前三个部分主要写明调查目的、对象及方法、内容；第四个部分是对调查结果展开的分析和研究；最后对所研究的问题进行总结。

第十一课　规章制度

应知导航

1. 了解规章制度的概念、种类及特点。
2. 了解规章制度的写作格式。

知识探究

一、规章制度的概念和种类

规章制度是国家机关、企事业单位、社会团体在不违背国家法律、法规的前提下，为建立正常的工作、学习、生产、生活秩序而制定的一种具有法规性、指导性与约束力的文书。规章制度包括行政法规、章程、制度和公约四大类，各大类又包括不同的小类别，如表6-4所示。

表 6-4　规章制度的种类

类别	文种	内容和作用	制发者	举例
行政法规类	条例	对某一方面的行政工作做比较全面、系统的规定，是具有法律性质的文件	国家最高权力机关、最高行政机关（国务院各部门和地方人民政府制定的规章不得称为"条例"）	《信息网络传播权保护条例》
	规定	对某一项行政工作做部分的规定，是法律、政策、方针的具体化形式	国务院各部委、各级人民政府及所属机关	《互联网电子公告服务管理规定》
	办法	对某一项行政工作做比较具体的规定，包括处理某些问题的具体方法、标准	同上	《互联网信息服务管理办法》

类别	文种	内容和作用	制发者	举例
行政法规类	细则	对贯彻、执行某项法令、条例、规定作详细、具体的补充说明，对贯彻方针、政策起具体说明和指导作用	同上	《广东省社会养老保险实施细则》
章程	章程	用以说明该组织的宗旨、性质、组织原则、机构设置、职责范围等的纲领性文件，具有准则性和约束性的作用	政党、社会团体	《中国共产党章程》
制度类	制度	要求所属人员共同遵守的准则	党政机关、企事业单位、社会团体及其部门	《安全生产制度》《小企业会计制度》
	规则	为维护劳动纪律和公共利益而制定的要求大家遵守的条规	同上	《道路交通安全规则》
	规程	为了保证质量，使工作、试验、生产按程序进行而制定的具体规定	同上	《浅海采油与井下作业安全规程》
	守则	要求其成员遵守的行为准则	同上	《员工守则》
	须知	为了维护正常秩序、开展某项具体活动、完成某项工作而制定的具有指导性、规定性的守则	有关单位、部门	《旅游须知》《考生须知》
公约	公约	经协商决议而制定的须共同遵守的准则，对参加协议者有约束力	人民群众、团体	《全国青少年网络文明公约》

二、规章制度的特点

（1）具有强制性和约束力。规章制度一经正式公布，将强制或约束有关人员必须执行。违反规章制度者会受到相应的处分、处罚或公众谴责。

（2）内容全面和具体。规章制度要具体规定能做什么、不能做什么，不能有遗漏，不能给违规者提供可乘之机。

（3）表达直接和严谨。规章制度的内容要切实可行，都应当直截了当地表达出来，不能模棱两可，不能用夸张、比拟、委婉等手法。此外，规章制度在表达上还要措辞严谨，无懈可击。

（4）形式条文化。为了便于记忆、引用、查找，规章制度一般采用条文形式。它的条款层次，简短的只分"条"，较长的一般分"章""条"，有的"条"下还分"款"。全文分条列款，一目了然。

> **小贴士**
>
> 我国规章制度的条款层次，可依次分为编、章、节、条、款、项、目。编、章、节、条的序号用中文数字依次表述，款不编序号，项的序号用中文数字加括号依次表述，目的序号用阿拉伯数字依次表述。

写作指南

规章制度的结构通常分为标题、正文和落款三部分。

一、标题

标题应标明制发者的名称、事由和文种，如"文化和旅游部立法工作规定"。有的标题只标明事由和文种，如"图书借阅制度"。如果所制定的规章制度是试行或暂行的，则可在标题内写明，也可在标题后面或在下方位置加括号注明，如"×× 省 ×× 学校教学管理工作试行规程""×× 省 ×× 学校教学管理工作规程（试行）"。

二、正文

正文是规章制度的具体内容部分，一般是分条列出，做到层次清楚、结构严谨。

正文有以下两类。

（1）条目式正文。条目式正文内容比较简单、条文不多。写条目式正文时，可以先写一个前言，说明依据、目的，然后用"特制定本条例（制度、规定……）"过渡，下文用条目表达，按内容的轻重、主次安排顺序，一一分条写清楚；也可以不写前言，直接用条文表达。

（2）章条式正文。章条式正文将正文分为总则、分则、附则三部分。每一部分根据内容多少分为若干章，每章再分出若干条。总则是第一章，说明制定的缘由、依据、目的、意义、有关原则及总的要求等。分则是正文的主体，分章分条逐一说明具体内容。附则说明该规章制度的生效日期，制定、修改、解释的权限及对其他未尽事宜的补充说明。附则可以单独成章，也可以不单独成章。

三、落款

在正文的右下方签署制发者的名称和发文日期。如果标题已出现制发者的名称，且在标题下注明了发文日期，落款则可以省略。

知识拓展

【示例】规章制度

×× 集团公司办公用品管理制度

×××× 年 ×× 月 ×× 日

为加强我集团办公用品使用的管理，节约开支、避免浪费，特制定本管理制度。

一、办公用品分类

（1）常用品：圆珠笔（芯）、水笔（芯）、铅笔、橡皮、墨水、胶水、回形针、大头针、装订针、稿纸。

（2）控制品：名片、文件夹、压杆夹、文件架、计算器、订书机、笔记本、会议记录本、信封、笔筒、钢笔、白板笔、水彩笔、固体胶、胶带、标签纸、涂改液、更正带、档案盒、档案袋、皮筋、刀片、图钉、票夹、印台（油）、量具、刀具、软盘、刻录盘。

（3）特批品（不列入办公用品费用考核）：印刷品（各类宣传单、各类表格、文件头等），财务账本、凭证，彩色墨盒及打印纸，U盘，等等。

二、办公用品使用对象

各公司主管以上管理人员、职能和业务部门员工，具体由各公司核定。

三、申购和采购

办公用品常用品由人事行政部门根据消耗情况进行申购备领，控制品和特批品由使用部门（人）提出申购，控制品经各公司总经理批准，特批品经董事长批准；批准后的"申购单"交采购中心执行购买。未填写"申购单"及未经领导批准擅自购买的，不予报销。

四、管理和发放

（1）办公用品由人事行政部门统一保管，并指定保管人，按公司核定的费用标准向使用人发放。

（2）采购人员应将所采购的物品交保管人办理登记入库手续，保管人根据采购价格核定物品单价，计入领用部门（人）费用，并在每月终填报"办公用品使用情况汇总表"。

（3）各部门应指定专人领取办公用品。

五、各部门费用核定及有关规定

（1）各公司各部门应按总部核定的办公用品费用定额标准严格把好申购和领用关。保管人不得超标发放办公用品，确因工作需要超标发放的，应经分管领导同意。

（2）核定的费用实行增人增费、减人减费，各部门的费用由人事行政部门根据人员变动情况进行调整。

（3）各部门因特殊情况需增加费用的，应以书面形式报批，经分管领导审核后，由总经理特批，并报请总部增加该项费用。

（4）办公用品使用实行月统计年结算，截止时间为每月终和年终，由人事行政部门出具报表，财务部审核。超支费用在超支人年终奖金中扣除，节约费用计入下年度使用。

六、其他规定

（1）各部门要控制和合理使用办公用品，杜绝浪费现象。水笔（芯）、圆珠笔（芯）、胶水、墨水、涂改液、计算器等办公用品重新领用时应以旧换新。

（2）凡调出或离职人员在办理离职或交接手续时，应将所领用的办公用品（一次性消耗品除外）如数归还。如有缺失应照价赔偿，否则不予办理有关手续。

（3）办公设备的耗材及维修费用。

① 电脑、打印机、复印机、传真机等办公设备的耗材及维修费用，总部另定定额标准。属多个公司共用的，按集团总部规定的标准进行分摊；属各部门或个人保管使用的，计入所在公司定额费用。

② 耗材包括打印纸、复印纸、激光打印机碳粉、硒鼓、针式打印机色带，喷墨打印机墨盒（水），复印机碳粉，传真纸，鼠标，键盘，等等；其申购由设备使用部门（人）负责，并经总经理批准。属多个公司共用的，由指定管理公司的人事行政部门负责申购。

③ 办公设备的报修参照耗材申购程序办理。

七、执行时间

本制度自下发之日起执行。

◀ **评　析** ▶

这份规章制度的标题采用完全式，正文采用条目式，层次清晰、内容完整；可操作性强，关于实施的要求写得具体而明确。

第十二课　启事和海报

1. 了解启事、海报的概念、特点及种类。
2. 了解启事、海报的写作格式。

知识探究

一、启事、海报的概念

启事是指党政机关、企事业单位、社会团体或个人公开声明某件事情所使用的告知性应用文。"启"有"陈述"的意思,"启事"是公开陈述事情,其目的是请求获得帮助或提请公众注意。

海报是指某些单位或团体向公众报道、介绍有关影视、文娱、体育活动或报告会的消息时所使用的招贴性应用文。海报一般贴于剧院、电影院、体育场、院校等门口或公众聚集的地方。

二、启事、海报的特点

1. 启事的特点

(1)内容的广泛性。启事的内容涉及广泛,能用于各种事宜。党政机关、企事业单位、社会团体、个人都可以用它来发布信息。

(2)告知的回应性。启事不同于只是向社会"告知"的声明,它要求通过告知得到社会上广泛的回应。

(3)参与的自主性。启事常不具有强制性和约束力。启事的对象可根据自己的意愿选择参与或不参与。

(4)传播的新闻性。启事常通过张贴和在报刊、广播、电视等各种新闻媒体公开传播消息,所以对广大公众来说,启事就是广告性消息,具有新闻的特性。

2. 海报的特点

(1)限定性。海报的使用范围有限,只适用于告知举办文娱活动、体育活动、报告会或介绍影视片等方面的消息。

(2)宣传性。海报是一种告知性应用文,具有将活动信息告知公众的宣传作用。

(3)灵活性。相较于其他应用文,海报在形式上较为灵活、生动,通常用美观的版面设计吸引公众。

小贴士

人们旧时通常把职业性的戏剧表演称为"海",把从事职业性戏剧表演称为"下海",因此把带有剧团演出信息的张贴物称为"海报"。

三、启事、海报的种类

启事种类繁多，大体上有：① 征招类的，如招聘启事、招生启事、招工启事、征稿启事、征集启事等；② 声明类的，如遗失启事、聘请启事、迁移启事、更名启事、开业启事、竞赛启事等；③ 寻找类的，如寻人启事、寻物启事等。

海报根据内容可划分为不同的种类，常见的有电影海报、戏剧海报、联欢晚会海报、体育赛事海报、报告会海报等。

写作指南

一、启事的写作格式

启事一般由标题、正文和落款三部分组成。

1. 标题

启事的标题有三种形式：一是只写文种名称，即"启事"；二是"事由＋文种"，如"寻物启事"；三是"单位名称＋事由＋文种"，如"××公司招聘技术人员启事"。

2. 正文

正文是启事的主要内容，一般要写清楚目的、意义、原因、要求、特征、条件等。启事正文通常有直陈式写法和总分式写法。

直陈式写法：直接陈述有关的事情和要求，可以写成一段，也可以分段写。

总分式写法：先写一个前言，简要交代写启事的缘由、目的，接着另起一行分条写明启事的具体事项。

启事正文的写作要有针对性，应因启事性质、种类的不同而不同，要注意取舍。

3. 落款

落款处要写上启事单位名称或个人姓名，以及启事的公布日期。如果发文机关是单位，则要加盖公章。根据内容的需要，落款处也可以附上单位地址、电话、电子邮箱和联系人等。

二、海报的写作格式

海报一般由标题、正文和尾部三部分组成。

1. 标题

海报的标题位置可根据版面设计灵活安排。标题的形式有三种：一是直接用"海报"作为标题；二是用事由作为标题，如"舞会""优秀摄影作品展"等；三是由主办单位、内容组成，如"安阳市代表团演出豫剧"。

2. 正文

海报的正文要写明活动的目的、意义、主要项目、举办时间、地点等，有时也可以省略目的、意义，直接用一段话或分列条目的形式写明活动的具体事项。有的海报还会在正文结尾处加上富有感染力的标语，以吸引公众。

3. 尾部

尾部要说明主办单位或团体的名称和日期。如果标题或正文已经写明主办单位或团体，尾部可以只写日期。

知识拓展

【示例一】征订启事

《××××》杂志征订启事

　　《××××》杂志以广大青少年特别是青年学生为主要阅读对象。它主要为广大青少年文学爱好者提供发表小说、散文、诗歌等文艺作品的机会。它是青少年的良师益友，为文学新人搭建成功阶梯。

　　《××××》杂志于每月 15 日出版，16 开本，每期 48 页，每本定价 14 元。欢迎订阅。

《××××》杂志编辑部

××××年××月××日

> **评　析**
>
> 　　这是一则为扩大发行量而写的征订启事。它首先介绍了杂志的性质、读者对象和内容，然后写明了杂志的出版时间、开本、定价，以增强广大读者的订阅欲望。

【示例二】海报

校园歌手大赛

　　你想用歌声享受生活吗？

　　你想用歌声传递快乐吗？

　　你想成为周围"星星"中最亮的那颗吗？

　　这一切的一切，难道只是在教室里托着腮帮的遐想？

　　非也非也！成功不再是梦，赶快来参加我们的校园歌手大赛吧！

　　让激情在这里迸发，让梦想在这里飞扬，用歌声来演绎全新的校园生活。

　　本次活动不限身高，不限样貌，只需要你有一颗爱唱歌的心。

　　时间：5 月 20 日 14:30。

　　地点：综合楼二楼多媒体教室。

　　我们还招募大量的支持者，届时可为你心仪的选手加油助威。如果你已经心动，就速与本班的文艺委员联系吧！

××学生会文艺部

××××年××月××日

> **评　析**
>
> 　　这则海报的语言丰富，饱含热情，极富感染力。

第十三课　述职报告

应知导航

1. 了解述职报告的概念、特点及种类。
2. 了解述职报告的写作格式。

知识探究

一、述职报告的概念

述职报告是党政机关、企事业单位、社会团体的工作人员向上级主管领导、组织部门、人事部门、专家评委或本单位的职工群体等报告自己在一定时期内履行岗位职责情况的自我评述性应用文。

二、述职报告的特点

（1）自我评述性。述职报告是述职者以对自身在一定时期内任职工作的回顾为基础而进行的自我评估。

（2）确定性。述职报告的内容要紧紧围绕某一职位的职责范围与考核标准展开。

（3）真实性。述职报告中的内容必须真实准确，陈述时要实事求是，恰如其分，不夸大、不缩小。

三、述职报告的种类

根据不同的标准，述职报告可以分为不同的种类，如表 6-5 所示。

表 6-5　述职报告的种类

分类标准	具体的种类
时间	任期述职报告（任职以来的总体情况汇报）、年度述职报告（本年度履行职务情况的报告）、临时性述职报告（担任某项临时性职务的报告）
内容	综合述职报告、专题述职报告
述职对象	个人述职报告、集体述职报告
表达方式	书面述职报告、口头述职报告

写作指南

述职报告一般由标题、称谓、正文、结语和落款五部分组成。

一、标题

常见的标题写法有四种：一是只写文种，如"述职报告""我的述职报告"；二是"任职期限＋文种"，如"任现职三年来的述职报告"；三是"任职期限＋所任职务＋文种"，如"2020—2022年任文化局局长职务的述职报告"；四是"正标题（文章式标题）＋副标题"，用概括全文主旨的文章式标题作正题，再以副题为补充，如"开拓进取，勇于创新——××旅游局局长王××的述职报告"。

述职报告的写作格式

二、称谓

向上级机关呈送的述职报告，应写明收文机关；向领导和本单位干部、职工做的述职报告，应写明对方的称谓。

三、正文

正文由导言和主体组成。

（1）导言，包括任职介绍和任职评价两方面内容。任职介绍用于说明自己的任职时间、职务和主要职责，简要交代述职的内容和范围；任职评价用于扼要评述任职以来的工作情况。这部分内容应简洁明了。

（2）主体，主要陈述履行职务的情况。它包括：一是任职期间的任务完成情况及取得的主要工作成绩；二是存在的问题及总结的经验教训；三是今后工作的努力方向、目标或打算。主体部分的写作一般要从思想政治素质、业务实绩展开。主体部分在结构安排上可根据材料的性质分为几个部分。

四、结语

结语可以采用总结归纳式或表决心式呼应开头，也可以采用格式化的习惯语来结束全文，如"述职完毕，请批评指正""特此报告""以上述职，请予审查"等。

五、落款

落款位于结语的右下方，包括述职人的单位、职务、姓名，以及日期。

知识拓展

【示例】述职报告

述职报告

尊敬的各位老师、亲爱的同学们：

大家好！我是校学生会学习部副部长×××，担任该职务已经一年。在过去的一年中，我履行了一个学习部副部长应尽的职责，较好地完成了本职工作。下面我将从对所在部门的认识、工作的总结和感悟、下阶段的工作展望三方面展开述职。

首先，是我对所在部门的认识。学习部通过组织多种形式的活动营造良好的学术氛围，提高同学们学习的积极性和主动性，提高同学们的专业技能，同时拓宽同学们的知识面。

其工作内容简介如下。

（1）通过多种形式，组织各类学术讨论、学术竞赛、学术报告会、辩论等活动，促进良好的校园学术氛围的营造。

（2）检查各班的学习情况，监督各班学生制度的执行。

（3）着眼于服务同学、锻炼同学，帮助同学解决在学习中遇到的困难，做好教与学的沟通桥梁。

其次，是我在学生会这一年里的工作总结和感悟。作为副部长，我对上，听从安排，协助部长开展活动策划、资料整理等工作；对下，组织本部干事查课及组织各类讲座。

在这一年中，我所参与的工作主要包括以下几个方面。

（1）每学期期初计算全院成绩。

（2）日常查课，除第8周和第14周外，每周至少查一次课。

（3）参与策划组织各种讲座。

（4）参与策划组织全国大学英语四、六级考试经验交流会。

（5）参与策划并主持趣味知识竞赛。

（6）准备人文讲坛系列知识讲座的相关工作。

在一年的工作中，我对责任有了更深的认识：对工作的坚守不能只靠热情维持，选择进入学生会可以是一时的热情，但重复、平淡的工作需要抱着对自己大学生活负责的态度；责任感不应该只是针对自己，对部长的选择负责就不应轻言放弃，对同学的期待负责才有无须言说的默契；一个部门只有最大限度地发挥它的作用和职能，才能和其他部门一同配合，更好地为学生会、为广大同学服务。

最后，是我对下阶段的工作展望。

（1）在部长的带领下，除整个学生会制度建设外，建立学习部自己的管理制度，规范内部工作细则，致力于部门内部建设和对部门认可度的提升。

（2）创建学习部内部网络交流社区，增进内部成员的交流，促进成员紧密合作。

（3）在工作中观摩、在学习中进步，提升能力，完善自我。本着为同学服务的宗旨，优化学习部形象。副部长的工作就像一杯柠檬水，没有部长的工作那样有分量，更多的时候我们是名单中的那个"等"字，尝不到受人瞩目的甘甜；但它又有自己的独特之处，恰如柠檬淡淡的清香。一片柠檬的留香时间大约是72小时，我认为这份工作带给我的体会和收获却是长久而珍贵的，将伴随我在学生会工作的所有时间。

由于个人能力有限，工作成果尚存在很多不足，本人将在今后的工作中逐步改进。请各位老师、同学批评指正，谢谢大家！

学习部副部长：×××

××××年××月××日

> **评析**
>
> 这是学生会学习部一名副部长的述职报告。正文导言部分先简要介绍任职情况，继而交代报告范围，简洁明了。正文主体部分分为三个方面，一一展开论述。落款注明报告人和日期。

素养提升

国家未来的伟大前途都寄托在你们青年一辈的身上

—— 邓发致堂弟邓碧群

碧群：

　　抗战多年，我虽未死于战场，但头发却已斑白。比起遭难的同胞、战场牺牲之英雄，这不但算不得什么，而且让我感到无比惭愧！国家所受的破坏是惨重的，人民的牺牲，房屋的被踩蹋……固然付出了巨大的代价，好在中华民族不但在东方而且在全世界站立起来了。倘若国内和平建设十年八年，中国就会成为世界头等强国，人民生活文化将大大提高。国家未来的伟大前途都寄托在你们青年一辈的身上。现在你在高中肄业当然很好，如果可能的话，我希望你能进大学，同时希望你在学好功课之外，应多阅些课外书籍和文学著作，以增加一些课外知识。

　　宏贤叔父在努力办学，这是个好消息。你若有暇，应帮助叔父，一则可以锻炼办事本领，二则可予叔父一些鼓励。我不敢对你有所指教，只提供一点意见供你参考而已。

　　兹附上两张照片以做纪念！在不妨碍你学好功课的条件下，望常来信为盼！

　　顺祝

学习进步

元　钊
一月廿一日草于渝市

问题：

　　革命先辈不畏艰险、不怕牺牲，缔造了我们今天的美好生活。请诵读红色家书，讲讲如何做好社会主义建设者和接班人。

学以致用

1. 请你就学生的日常消费开支情况做一次调查并撰写调查报告。
2. 请你起草一份学生宿舍管理规定。
3. 请你根据自己的任职或兴趣爱好，拟写一份有关群众社团的组织章程。
4. 假设你在校园内拾到一个黑色钱夹，内有人民币、身份证、照片等物品，请拟写一则招领启事。
5. 校学生会体育部组织的全校秋季篮球联赛拟于10月18日在校篮球场开赛，对阵双方为文学院"梦之队"和数学院"速之队"。作为校学生会体育部成员，你需要制作一份海报。
6. 请你根据去年一年的学习、工作情况，写一份格式规范、内容完整的述职报告，并向全班同学汇报。同学分组展开评议，提出小组意见。

遵古循今，知礼有节

开篇寄语 ▼

泱泱大中华，崇孔孟，尚礼仪，年有年节，日有日礼。不同的时间、场合，针对不同的人，有不同的礼仪要求，并演化出与之相对应的礼仪文体。知道并了解礼仪应用文，不仅是对当代学生的基本要求，还是个人素质的基本体现。

育人目标 ▼

1. 了解礼仪应用文的概念、种类、作用、特点、基本格式、写作方法及写作要求，提升人文素养，增强礼仪意识。
2. 了解中国古代礼仪文化，激发民族自豪感，增强文化自信。

第一课　礼仪应用文概述

应知导航

1. 了解礼仪应用文的概念及特点。
2. 理解礼仪应用文的写作要求。

知识探究

一、礼仪应用文的概念

礼仪应用文是指党政机关、企事业单位、社会团体或个人用于礼仪交往活动的应用文。它有助于调整、改善和发展单位与单位之间、单位与个人之间、个人与个人之间的关系。

二、礼仪应用文的特点

（1）针对性强。礼仪应用文往往是根据不同事情的具体内容、不同听众的情况写成的。

（2）感情真挚。礼仪应用文要让对方真切地感受到真诚，这样有利于加深双方的感情，达到写文章的目的。

（3）语言简明。无论哪种礼仪应用文，写文章的目的都比较单一，即表达自己的感情、传达有关信息、增进双方的友好关系。因此，礼仪应用文的语言应简洁明了。

三、礼仪应用文的写作要求

礼仪应用文的写作要求如下。

（1）了解对象的基本情况。在写作之前应该尽可能掌握对方的一些资料，如写欢迎词之前应该了解双方交往的历史。

（2）事项说明要简洁、明确。对事项的说明要简洁、明白、准确，避免造成误解。

（3）措辞亲切、庄重。热情亲切的迎送、美好的祝愿会让对方感到真诚。

（4）格式要规范。礼仪应用文一般包括标题、称谓、正文、结束语和落款，虽然不同文种在具体写法上稍有差异，但写作时要从总体上把握这类应用文的基本结构。

第二课　欢迎词和欢送词

应知导航

1. 了解欢迎词、欢送词的概念及特点。
2. 掌握欢迎词、欢送词的写作格式及写作要求。

知识探究

一、欢迎词、欢送词的概念和适用范围

欢迎词是指本单位在对外交往的正式场合中，主人为迎接宾客的到来所发表的热情友好的讲话（文稿）。欢迎词适用的礼仪形式多种多样，既有隆重的欢迎大会、酒会、宴会、记者招待会等，也有一般的座谈会、展销会、订货会等。

欢送词是指在与客人告别的正式场合中，主人为表达感谢、送别之情所发表的讲话（文稿）。欢送词适用的礼仪形式多种多样，宴会、招待会、欢送会及其他欢送宾客的仪式上都会用到欢送词。

二、欢迎词、欢送词的特点

这两种礼仪应用文的共同特点是感情真挚、语言表达礼貌周到、篇幅简短等。

写作指南

一、欢迎词

1. 欢迎词的写作格式

欢迎词主要由标题、称谓、正文、结束语和落款五部分组成。

（1）标题。在第一行居中直接写"欢迎词"或"活动内容＋欢迎词"，如"在××学校第三届教职工田径比赛上的欢迎词"。

（2）称谓。称谓顶格写在第二行。在姓名前一般要加敬语，如"尊敬的""敬爱的""亲爱的"；在姓名后可以根据对方的身份、职务等情况加上相应的职务、头衔，如"教授""部长""董事长"等，也可以根据人员的不同加上"女士""先生""阁下"等。

（3）正文。正文一般由开头和主体两部分组成。开头部分要对宾客表示热烈的欢迎、真挚的问候和敬意。主体部分可以表达此次活动的意义，突出宾客来访的意义，赞颂双方在相互交往中取得的成绩，也可以回顾双方的交往历史和友谊，赞扬双方之间的友好合作。

（4）结束语。结束语或再次向宾客表示热烈欢迎，或表达主人的美好祝愿。

（5）落款（包括署名和日期）。单纯用于讲话的欢迎词可以不署名。欢迎词如果需要以文字形式发表，则应该在正文末尾署上致辞单位的全称。以个人名义致辞的欢迎词，要署上致辞者的身份、姓名。日期位于署名的下一行。

2. 欢迎词的写作要求

（1）礼貌适度。欢迎词的适用范围很广，要注意区分不同的礼仪形式、宾客的身份、主人与宾客的关系，做到礼貌适度。

（2）热情洋溢。欢迎词应该热情洋溢，表现出主人的真诚，使宾客感到自己受到了礼待与尊重。

（3）简洁得体。欢迎词往往是在礼仪活动刚开始时当面向宾客表达，接下来还有一系列的交流活动，所以欢迎词要简洁得体，不要长篇大论。

二、欢送词

1. 欢送词的写作格式

欢送词的写作格式一般与欢迎词的写作格式相同，只是正文和结束语有所不同。

欢送词的正文部分首先应表达对宾客的惜别之情，接下来通常是回顾整个活动，感谢大家的合作，对宾客在这一阶段的成绩予以肯定。有的欢送词还会诚恳征求宾客对接待工作的意见和建议，或者为接待过程中做得不尽如人意的地方向宾客赔礼道歉。欢送词的末尾应对宾客表示希望或勉励。

结束语要向宾客送上美好的祝愿，如"祝旅途愉快""祝一路顺风"等。

2. 欢送词的写作要求

（1）恰到好处。欢送词要注意宾客的身份，以及致辞人与宾客的关系。

（2）友好热情。欢送词要感情真挚，友好热情，表达出主人对宾客的尊重和礼貌。

（3）朗朗上口。欢送词和欢迎词一样，往往是当面向宾客表达的，所以要考虑现场效果，写作时要选用朗朗上口的词语。

知识拓展

【示例一】欢迎词

在××县"××杯"首届女职工书画展上的欢迎词

尊敬的各位领导、各位来宾：

值此元旦佳节到来之际，××县"××杯"首届女职工书画展隆重开幕了！我谨代表××公司全体员工向书画展的开幕表示热烈的祝贺！向各位领导、各位来宾的到来表示热烈的欢迎和衷心的感谢！

我们公司与县妇联联合举办的这次"××杯"首届女职工书画展，旨在弘扬中华民族传统书画艺术，活跃全县女职工的业余文化生活，集中展现全县广大女职工文明健康、开拓向上的时代风貌，展示她们丰富饱满的精神世界和多姿多彩的文化生活。活动得到了县领导和广大女职工的大力支持和积极响应。在此，我们再一次表示衷心感谢！

××公司成立以来，承蒙各级领导和社会各界的大力支持与厚爱。公司各项工作取得了长足的发展，多次被授予省级"消费者满意单位""守合同重信用企业""AAA级信用企业"等荣誉称号。今年我们提前40天完成全年计划，取得了良好的社会效益和经济效益。我们也本着"来自社会、回报社会"的原则，积极参与各项社会公益事业，为我县的物质文明建设和精神文明建设做出了自己的贡献。在此，我恳请各位领导及各界朋友一如既往，支持和监督我们的工作。

最后，预祝书画展圆满成功！祝各位选手取得优异的成绩，祝各位领导及来宾节日愉快、阖家幸福、万事如意！

××公司董事长：×××

××××年××月××日

评 析

这篇欢迎词热情洋溢，简洁得体，语言表达礼貌周到。正文开头写明活动主题，继而简要介绍活动宗旨，突出了来宾的重要性，诚恳、自然地表达了对来宾的感谢，回顾与来宾的交往及所取得的成绩后，表达了对未来工作的愿望，并送出了良好的祝愿，友好热情。

【示例二】欢送词

欢送词

亲爱的××××届毕业生：

在这充满诸多回忆和美好憧憬的日子里，你们作为新一届的职业学校毕业生和祖国现代化建设的生力军，即将结束流光溢彩的校园生活，走上工作岗位，到改革开放的大潮中去接受洗礼，迎接新的挑战。

在母校宁静温暖的怀抱里，你们留下了奋进拼搏的足迹。为了翱翔蓝天，你们一遍又一遍地展翅高飞；为了遨游大海，你们一次又一次地抗击"风波"。窗明几净的教室里出现过你们专心苦读的身影，丰富多彩的文体活动中展示过你们充满青春活力的风采，夕阳晚照的林荫道上留下过你们探求知识、思索人生的足迹……

现在，你们将挥手告别母校，踏上新的征程。同学们，校园生活的结束既是终点，也是起点。国家和人民对你们寄予了殷切的期望，我国要走新型工业化道路，成为世界制造强国，没有一支高素质的制造业和现代服务业队伍是不可能的。你们正是现代化建设中的新鲜血液，是国家新型工业化道路上的生力军。母校希望你们坚定信念、振奋精神、开拓进取，用高尚的职业道德、丰富的专业知识、精湛的职业技能，从自身实际出发，积极投身于现代化建设的洪流中，为祖国的建设添砖加瓦，为社会的繁荣贡献自己的智慧和力量。母校相信你们会在长期而艰苦的实践中锻炼自己，不断实现自己的人生价值。

千里之行，始于足下。亲爱的同学们，愿你们求真务实、忠于职守、刻苦钻研，以优异的成绩回报社会，为母校争光。今天，母校的师长欢送你们踏上学成报国的万里征程；明天，父老乡亲和母校师生将分享你们事业成功的无限欢乐。

海阔凭鱼跃，天高任鸟飞。亲爱的同学们，祝你们一路顺风，拥有一个美好的明天！

×××× 职业学校团委

×××× 年 ×× 月 ×× 日

评 析

这篇毕业欢送词，热情洋溢，富有文采，字里行间充满了真挚的情感。正文开头点明主题，接下来回顾校园生活的点滴，并提出殷切的希望。结束语为学校送出的美好祝愿，感情真挚。

第三课　开幕词和祝词

应知导航

1. 了解开幕词、祝词的概念及种类。
2. 掌握开幕词、祝词的写作格式及写作要求。

知识探究

一、开幕词、祝词的概念

开幕词是在重要的、有意义的大中型会议开幕时使用的致辞。开幕词是会议的序曲，在宣布会议开幕的同时，通常要说明这次会议的意义、宗旨、指导思想、中心任务和要求，并对会议召开表示希望和祝愿。

祝词是对人或事表示祝贺的一种应用文体。祝词通常可以与贺词通用，它们细微的差别在于，祝词一般是在事情刚开始或正在进行中，向对方表达祝愿之意，而贺词是在事情已经完成或对方已经取得成绩时，向其表示庆贺、道喜。祝词适用于各种喜庆场合，既适用于党政机关、企事业单位、社会团体举办的重大的、有特殊意义的会议，也适用于个人的寿宴、婚礼等。

二、开幕词、祝词的种类

1. 开幕词的种类

开幕词可分为侧重性开幕词和一般性开幕词。侧重性开幕词通常要对会议召开的历史背景、重大意义或会议的中心任务做重点介绍，其他问题可以只做简要说明。一般性开幕词只对会议的目的、程序、基本精神、来宾等做简要说明。

2. 祝词的种类

祝词一般可分为以下三类。

（1）事业祝词。事业祝词一般用于重大的、有特殊意义的活动仪式，除了表达对活动的祝愿外，还常常赞颂举办方的成绩和贡献。

（2）寿诞祝词。寿诞祝词一般用在长辈寿诞上，常常叙述对方的经历，赞美对方的品格和贡献，表达自己的美好祝愿。

（3）祝酒词。祝酒是一种礼仪。宾客初到时，主人往往会设宴洗尘，致祝酒词，表达友好情谊。祝酒词的显著特点是结尾要提议共同举杯祝愿。

写作指南

一、开幕词

1. 开幕词的写作格式

开幕词包括标题、称呼、正文、结束语和落款五个部分。

（1）标题。常见的开幕词标题格式是"会议名称+开幕词"，如"××公司第八届秋季运动会开幕词"。有的开幕词会在标题之下用括号括注上日期，再在日期下方写上致辞人的姓名。

（2）称呼。称呼顶格写在标题的下一行。在国内，企事业单位、社会团体的会议可根据来宾身份用相应称呼，如"女士们、先生们"；国际会议一般按国际惯例用"各位嘉宾、女士们、先生们、朋友们"来称呼来宾。

（3）正文。正文一般包括开头和主体两部分。

开头常见的写法如下。

① 以向大会表示祝贺和向来宾表示欢迎为开头，如"值此××××××洽谈会开幕之际，我代表××省对外贸易公司向大会表示衷心的祝贺！向远道而来的世界各地的朋友们表示热烈欢迎！"

② 以宣布大会开幕为开头，如"××学校第十届师生秋季运动会今天开幕了！"

主体是正文的核心部分，具体内容可根据情况有所侧重，一般需要说明会议的基本情况（出席人数、会议组织情况、议程等），会议的任务、宗旨，对前段工作的简要回顾，对目前形势的分析，等等。结尾或提出希望与要求，或发出号召、展望前景。

（4）结束语。结束语常用"预祝大会圆满成功"之类的祝词。

（5）落款。开幕词的落款应包括主办单位和开会日期。

2. 开幕词的写作要求

（1）熟悉会议情况。开幕词的写作一般以会议方案为蓝本，需要先了解会议的情况。

（2）结构紧凑。开幕词篇幅不要过长，结构要紧凑。

（3）语言朴实、简练。

二、祝词

1. 祝词的写作格式

祝词的写作格式与开幕词的写作格式大体相同，包括标题、称呼、正文、结束语和落款五个部分。

（1）标题。完整的标题包括致辞人、致辞场合、文种，如"×××在××××招待会上的祝词"，也可简化为"××××招待会上的祝词"。有的祝词会在标题之下用括号括注上日期。

（2）称呼。首行顶格写称呼。祝词的称呼和开幕词的称呼一样，也要热情友好，可以加头衔或表示亲切、尊重的词语。

（3）正文。正文部分的内容一定要条理分明，让人看了、听了一清二楚，一般可以从以下几个方面展开：一是致辞者在什么情况下，代表谁，向谁表示欢迎、感谢和问候；二是回顾过去，概括以往所取得的成就和发展；三是展望未来。

（4）结束语。结束语可以表示祝愿，如"祝×××健康长寿""祝贵公司继往开来，大展宏图，再创辉煌"。

（5）落款。祝词的落款包括主办单位和开会日期。

2. 祝词的写作要求

（1）恰当得体。颂扬与祝贺要恰如其分，过分的赞美之词会使对方感到不安，也会使自己显得庸俗。

（2）结构紧凑。祝词的篇幅不可过长，应结构紧凑、行文简洁。

（3）充满热情。祝词应充满热情、喜悦、鼓励与希望，富有感染力和启发性，使对方感到温暖和愉快。

知识拓展

【示例一】开幕词

××县税务工作总结表彰大会开幕词

（××××年××月××日）

×××

同志们：

在这辞旧迎新的时刻，我们税务系统精英荟萃，壮志抒怀，隆重召开××××年度全县税务工作总结表彰大会。我代表局党委向一年来关心、支持税务工作的各级、各部门领导表示衷心的感谢！向参加会议的各位杰出代表表示热烈的祝贺，并通过你们向工作在征管第一线的全体干部职工及家属表示崇高的敬意和亲切的慰问！

过去的一年，我县广大税务干部职工在县委、县政府的正确领导下，同舟共济，开拓创新，各项工作都取得了丰硕成果：精神文明建设初见成效，文明创建活动蓬勃开展，税务行业发展日新月异；征管改革不断深化，征管质量和效率日益提高，税收征管水平又向现代化迈进了一大步；税收执法进一步规范，依法治税迈出了新的步伐，整个队伍的政治素质、业务素质、勤政廉政意识普遍得到提高；税务收入任务圆满完成。总之，××××年，全体税务干部职工为全县经济发展、为全县税务事业出了大力，流了大汗，操了大心，劳苦功高。

今天，我们召开这次总结表彰大会，就是对过去的一年进行全面总结，以迎接新挑战。这次会议的主要议程有三项：一是全面总结××××年的工作；二是布置新的一年的工作；三是表彰先进个人和集体，交流经验。

同志们，这次大会既是一个辞旧迎新的总结会，也是一个继往开来的誓师会。通过这次大会，我们全县税务干部职工必将厉兵秣马，昂扬上阵，以饱满的热情和昂扬的斗志踏上新的征程，为我县改革开放和税务工作做出新的贡献。

预祝大会取得圆满成功！

评 析

这篇开幕词行文流畅、感情真挚、热情洋溢。正文开头写明了会议的主要目的，接着回顾了过去的工作，又对前景进行了展望，表达了热切的期盼和希望。结尾语为送出美好祝愿。全文目的明确，层次分明，重点突出。

【示例二】祝词

在××工程开工典礼上的讲话

尊敬的各位领导、各位来宾：

上午好！

五月阳光明媚，百花争艳。我们迎来了××工程的正式开工，共同在这里参加开工典礼，迎接我们共同的喜庆时刻。

首先，请允许我代表工程承建单位××建设集团有限公司6100名干部职工，感谢××省领导、××市领导，以及省、市财政厅局等有关部门领导，对工程建设的关心与对我公司的信任，把××馆的建设任务交给我们。

在中国历史文化名城和国际著名风景旅游城市××美丽的××北麓建造××馆，是时代的选择、现实的选择，更是智慧的选择。××馆必将成为研究、梳理、存放与展示我国××发展史的重要场所，从而发挥积极的综合作用。××馆必将成为××风景区又一道和谐、亮丽和富有人文气息与文化内涵的全新景观，从而产生良好的社会效益。

作为××省省属国有建筑施工企业中的首家改制企业，××建设集团拥有50多年的历史，曾经在建设新××、新××的道路上创造出以××、××、××等名优工程为代表的诸多辉煌。延续并超越企业历史的辉煌，建设更加美丽的祖国和家乡，是我们××建设集团人众志成城的坚强决心与义不容辞的光荣职责。

我们深信，诚信是对领导、对朋友最大、最好的回报。因此，我们将秉承前辈的勤勉精神与严谨作风，不会有丝毫的懈怠。同时，在工程实施过程中，我们将努力强化项目管理，不断加大科技投入，积极采用先进工艺，以实现三个"确保"：确保工程质量标化双创优，使其成为××建设集团在××市的又一窗口工程；确保把工程建设成为××建设集团继××省××馆等之后在馆类建设中的又一品牌工程；确保把设计新颖、风格古典、功能完善的××馆建设成为××风景区的又一景观工程。

最后，请允许我以××建设集团的广告语结束我的发言：接过您手中的蓝图，交付您完美的作品。

谢谢大家。

××建设集团

××××年××月××日

评　析

这则祝词结构紧凑，行文流畅、简练，饱含热情，正文部分写明缘由，真诚地感谢来宾，并简述自己公司取得的成绩，最后表明自己的决心。

第四课　请柬和聘书

应知导航

1. 了解请柬、聘书的概念及作用。
2. 掌握请柬的写作格式及写作要求。
3. 掌握聘书的写作格式。

知识探究

一、请柬的概念及作用

1. 请柬的概念

请柬又称请帖、柬帖，是为了邀请客人参加某项活动而发出的礼仪性书信。

2. 请柬的作用

（1）既可以表示对被邀请者的尊重，又可以表示邀请者对某项活动的重视。

（2）各种会议、典礼、仪式、活动的入场凭证、报到凭证。

二、聘书的概念及作用

1. 聘书的概念

聘书也就是聘请书。它是聘请某些有专业特长或在某方面具有权威名望的人完成某项任务或担任某种职务时的书信体文书。

2. 聘书的作用

学校、企业等在需要某方面有特长或有专业技能的人才时，社会团体或某些活动主办方为了提高知名度、扩大影响力，聘请一些有名望的人加盟或参与时，都需要使用聘书。其作用主要体现在以下两个方面。

（1）加强协作的纽带。聘书不仅使个人同用人单位建立了联系，而且加强了不同单位之间的合作，使之可以互通有无、互相支援。

（2）加强受聘者的责任感、荣誉感。聘书是出于对受聘者的极大信任和尊重才发出的，这在无形中会加强受聘者的责任感。

写作指南

一、请柬的写作格式及写作要求

1. 请柬的写作格式

请柬一般有两种样式：一种是单面的，另一种是双面的。从形式上讲，请柬的样式又分为横式写法和竖式写法两种。无论哪种样式的请柬，都由标题、称谓、正文、结尾、落款等组成。

单柬帖的"请柬"写在顶端第一行，字体比正文稍大。双柬帖的封面写明"请柬"。无论哪种请柬，标题一般都做艺术加工，即采用艺术字体、字面烫金或加以图案装饰等。

现在市场上有多种印刷的请柬样式供选择，发柬者通常只需填写称谓、正文、落款和日期。称谓即被邀请单位的名称或个人的姓名，要顶格写。个人姓名后要注明职务或称呼，如"××先生""××女士"。正文另起一行，前面空二字，写明活动的内容、时间、地点及其他注意事项或要求。结尾一般用"敬请光临""敬请参加"等语句。落款写在结尾的下方，如果是公事请帖，一般要加盖公章。有时请柬还会在正文的下方加上行走路线、乘车班次、"每柬一人""凭柬入场""请着正装"等附语。

请柬的写作格式及要求

2. 请柬的写作要求

（1）语言要精练、准确，凡涉及时间、地点、人名的一些关键性词语一定要核准、查实。

（2）在正文后可根据不同的情况采用"敬请光临""请光临指导"等语句，不要出现命令性语句。

（3）请柬在款式设计上要注意艺术性，精美的请柬会使人感到舒适。对于市场上的各种专用请柬，要根据实际情况选购。

（4）请柬不要托人转递，如果距离比较远，可以邮寄。请柬如果是放入信封当面递送，信封不要封口。被邀请者如果因故不能参加，最好以书面形式及时告知邀请者，以体现对邀请者的尊重。

二、聘书的写作格式

聘书一般按照书信格式印制好，中心内容由聘请者填写。完整的聘书一般由标题、称谓、正文、结尾和落款五部分组成。

（1）聘书的标题往往写在开头正中间。已印制好的聘书常在封皮上印有烫金的"聘书"。

（2）聘书上被聘者的姓名可以在开头顶格写，然后加冒号；也可以在正文中写明。常见的印制好的聘书多在第一行空两格写"兹聘请×××"。

（3）正文是聘书的主要部分，一般包括聘请的原因、岗位或职务、聘任期限及待遇等事项。

（4）聘书的结尾一般为表示敬意和祝颂的话语，如"此致敬礼"等。

（5）落款包括聘请单位名称或聘请单位领导的姓名、职务，发送聘书的日期，以及聘请单位的公章。

知识拓展

【示例一】请柬

请柬

×××先生：

　　今年是我校建校90周年。兹定于××月××日8：00在我校大礼堂举行校庆典礼，敬请您莅临指导。

××学校90周年校庆筹备组（盖章）
××××年××月××日

评析

　　这则请柬简明扼要地写清了时间、地点、事项等，行文简洁明了。

【示例二】聘书

×××同志：

　　兹聘请你主持××系×××级××班"××"课教学工作，具体任务如下。

　　（1）授课××学时。

　　（2）指导学生完成作业××次、作文××篇。

　　（3）履行××系规定的教师工作岗位责任。

　　完成上述任务的总工作量为××学时，超额将给予奖励。恳请您给予支持和帮助，本系将不胜感谢！

　　本聘书有效期为××××年××月××日—××××年××月××日。

　　此致

敬礼！

××系主任×××（盖章）
××××年××月××日

评析

　　这则聘书目的明确、重点突出，对受聘者的受聘职务、具体任务、期限等都做出了清晰的介绍。

◀ **素养提升** ▶

中国古代礼仪

中国古代礼仪形成于"三皇五帝"时期，尧舜时期制定的礼仪经过夏、商、周三个奴隶制社会国家1000余年的总结与推广，日趋完善。周朝前期文王、武王、成王三个君主重新"兴正礼乐，度制于是政，而民和睦，颂声兴"。周公还在朝廷设置礼官，专门掌管天下礼仪，把我国古代礼仪制度推向了较为完备的阶段。

春秋时期的孔子把"礼"推向了一个至高无上的地位。他倡导人要"克己复礼"，教育他的弟子们做到"非礼勿视""非礼勿听""非礼勿言""非礼勿动"。

汉武帝时期，"罢黜百家，独尊儒术"的治国方略确立后，礼仪作为社会道德、行为标准、精神支柱，其重要性被提高到了前所未有的高度。朝廷设置掌管天下礼仪的官僚机构，如汉代的大鸿胪、尚书礼曹，魏晋时的祠部（北魏又称仪曹），隋唐以后的礼部尚书（清末改为典礼院）等。同时，礼仪学越来越重要。汉代把《周礼》《仪礼》列为五经之一。

问题：

谈谈中国古代讲究礼仪的原因。

◀ **学以致用** ▶

1. 什么是礼仪应用文？它有哪些特点？
2. 开幕词开头常见的写法有哪些？
3. 开幕词正文的核心部分一般写什么内容？
4. 完整的祝词标题如何写作？
5. 祝词的正文部分一般写什么内容？
6. 玛丽女士是一名外籍教师，应邀在学校某年级任教两年，该年级师生为她举办了一个欢迎晚会。假定你是该年级教研主任，请你撰写一则欢迎词。
7. 玛丽女士任教期满即将回国，她在任教期间工作勤恳，授课生动有趣，学生都喜欢上她的课。班上学生决定为她举办一场欢送晚会，假定你是班长，请你撰写一则欢送词。
8. ×××职业学校文化艺术节将于下个月第一个周六晚上在学校礼堂举行开幕仪式，请你代表团委书记写一则开幕词。
9. 请你为学校即将召开的学术研讨会写一份请束。
10. ××学校聘请著名物理学家×××院士为该校顾问，请你写一则聘书。

与全球同步，与世界接轨

随着经济全球化进程的加快，我国改革开放的步伐逐步加大，我国的进出口贸易越来越活跃，涉外应用文在政治、经济、文化交往活动中的作用也越来越突出。掌握好涉外应用文写作的基本技能能够为以后的就业提供更多机会。

育人目标 ▼

1. 了解涉外应用文的概念、种类、特点、作用，培养坚持不懈、努力进取的学习品质，形成正确的学习观。

2. 了解我国经济建设所取得的成就，坚定中国特色社会主义道路自信、理论自信、制度自信、文化自信。

第一课　涉外应用文概述

应知导航

1. 了解涉外应用文的概念及种类。
2. 理解涉外应用文的特点及作用。

知识探究

一、涉外应用文的概念及种类

涉外应用文是在对外政治、经济、文化交流活动中交流思想、沟通感情、传递信息、处理各类业务时使用的文体。

涉外应用文种类繁多，礼仪函电（邀请函、慰问函、慰问电、唁电等）、业务函电、备忘录、涉外经济合同、外贸理赔文书、涉外商情调研报告、商品经销代理文书等都属于涉外应用文。

二、涉外应用文的特点

（1）内容准确。由于各国各地区的人们在观念、习惯、行为方式等诸多方面存在差异，涉外应用文特别强调内容准确。

（2）格式固定。涉外应用文的格式具有规范性。某些格式是在尊重双方感情和习惯的长期交往中形成的，因此双方都要遵守。另外，随着经济一体化的深入发展，为了方便交易，涉外应用文也越来越讲求国际标准，对格式的规范性要求很高。

（3）表述规范。涉外应用文用语讲究礼貌得体，商务交往文书要求表述严谨。为了翻译的方便，涉及应用文要尽量使用世界通用语言。

三、涉外应用文的作用

（1）联系沟通。涉外应用文能够加强各个国家或地区之间的联系和沟通，能够增进双方感情，在平等互利的基础上促进友谊。

（2）约束双方。涉外应用文中有很大一类（如声明、公约、条约、协定等）对参与各方具有平等的约束力，违约一方要承担相应的政治责任、经济责任和法律责任。

（3）依据参考。有些涉外应用文能为有关部门制定对外经济贸易的方针政策提供依据和参考。

<h1 style="text-align:center">第二课 涉外函电</h1>

应知导航

1. 了解涉外函电的概念及种类。
2. 掌握涉外函电的写作格式。

知识探究

一、涉外函电的概念

涉外函电是我国在对外政治、经济、文化交往活动中，同外方交流思想、沟通感情、传递信息、联系业务、处理问题时使用的一类书信体应用文。

二、涉外函电的种类

根据不同的标准，涉外函电可以分为不同的种类，如表 8-1 所示。

表 8-1　涉外函电的种类

分类标准	具体的种类
内容	礼仪函电、业务函电
通信方式	函件、电子邮件

注：① 礼仪函电通常用于同外方交流思想、沟通情感、传递信息。
　　② 业务函电通常用于联系业务、处理问题。

写作指南

涉外函电的格式和公文中函的格式基本相同，也由标题、称呼、正文和落款四部分组成。

一、标题

标题一般由事由、文种组成，如"催派船提货函""索赔函""××牌自行车发盘函"。

二、称呼

如果是以个人名义写给个人的函电，应该用尊称，并在称呼后加上"台鉴""雅鉴"等词语，以示尊敬，如"尊敬的××贸易行张总经理台鉴"。如果是机关、社会团体、企事业单位之间的业务联系函件，则直接写单位名称。

三、正文

正文是函电的主要部分，由开头、主体和结尾三部分组成。

（1）开头。开头应写明发函的目的或依据。

（2）主体。主体的内容主要是涉外活动的具体事项，如商洽什么事，解决什么问题，了解什么情况，答复什么问题。

（3）结尾。结尾常用致敬语，如"谨祝商安""希即复为盼""专此函达，希洽办"等。有附件的涉外函电，应在正文结尾后注明附件信息。

四、落款

落款包括发函单位和发函日期。以个人名义发函电时，要署上个人的姓名和职务；以单位名义发函电时，要写上单位全称，并加盖单位公章。

知识拓展

【示例】涉外函电

××羊毛询盘函

××进出口公司执事先生台鉴：

贵公司××月××日尊函奉悉，承蒙惠寄商品总目录一份，以支持敝公司业务的开展，深表感谢。目前，敝公司对羊毛很感兴趣，为此，专函奉达，祈请报目的港××CIF5000千克××羊毛的最低价，以便考虑。

谨祝

商安！

××××商行（盖章）
××××年××月××日

评析

这份询盘函结构规范，态度诚恳，用语得体。它首先对对方寄商品总目录一事表示感谢，继而询问羊毛价格，行文简洁、目的明确。

第三课　备忘录

1. 了解备忘录的概念、作用、种类及特点。
2. 掌握备忘录的写作格式及写作要求。

知识探究

一、备忘录的概念及作用

备忘录是双方会谈时，用来说明某一问题的细节或表明自己的态度，以便达成某些协议、明确会谈中的谈话内容的一种外交文书。

在业务上，备忘录一般用来补充正式文件的不足，不但可以用来提醒、督促对方或就某个问题提出自己的看法和意见，而且可以作为今后双方交易或合作的依据或进一步洽谈业务的参考。

二、备忘录的种类

备忘录分为非协议类和协议类两种。

非协议类备忘录一般由一方发出，就某一问题表明观点和态度，以引起对方的重视并采取措施。非协议类备忘录根据递送的方式可以分为面交备忘录和送交备忘录。面交备忘录是会谈后当面交给对方的备忘录；送交备忘录是会谈后通过邮寄等方式送达对方的备忘录。

协议类备忘录多用于确认双方（或多方）在会谈时达成的协议。它是将双方的备忘录合成一份，经双方签字而形成的，具有协议的性质，又称谅解备忘录。

三、备忘录的特点

备忘录的特点是快速、经济、有效。备忘录传递与反馈信息很快，可即写即发，具有提醒、督促对方及时处理问题的作用。

写作指南

一、备忘录的写作格式

备忘录的结构包括标题、前言、主体和落款四部分。

备忘录的写作指南

1. 标题

标题可以只写"备忘录"，也可以采取"事由＋文种"的形式，如"中欧纺织品贸易问题备忘录"。

2. 前言

前言又称引言、开头语。协议类备忘录一般用简洁明了的语句介绍达成协议的背景，

为下文表达观点略做铺垫，包括各方的名称，会谈的时间、地点、事由及主要事项。前言末尾一般用"双方达成了谅解，承诺如下"或"双方达成如下谅解"过渡。非协议类备忘录一般用简洁的语言说明备忘录的写作原因。

3. 主体

协议类备忘录在主体部分一般使用条款形式写明达成协议的具体内容，最后还要写明未尽事宜的洽谈方式及大致的日程安排等，如"期望在今后 × 个月内再进行接触，以便进一步商洽合作事宜"。非协议类备忘录在主体部分一般采取叙议结合的方式，明确己方观点和态度，最后提出希望，以引起对方的重视。

4. 落款

落款由签署备忘录的单位签字，面交的备忘录可以不盖章，送交的备忘录要加盖印章。协议类备忘录需要双方签字盖章。另外，在单位签字下方应注明签署的地点和日期。

二、备忘录的写作要求

（1）内容必须忠于事实，不能随意添加、变换角度或断章取义，只能取舍、概括、提炼原来的实际内容。

（2）取舍必须适当，不能任意删去重要观点、意见、数字、名称等内容。

（3）归纳要得体，叙事要具体明确，行文要简洁。

知识拓展

【示例】协议类备忘录

合作开发 × × 旅游风景区备忘录

× × 市 × × 旅游风景区管理局与 × × 公司，于 × × × × 年 × × 月 × × 日在 × × 市 × × 开发区就合作开发 × × 旅游风景区进行了初步磋商，交换了意见，双方达成了如下共识。

（1）× × 公司同意就合作开发 × × 旅游风景区的项目进行投资，投资金额暂定为 800 万元。

（2）× × 公司投资的 800 万元原则上用于旅游风景区的宾馆与游乐设施建设。

（3）利润分配待 × × 市 × × 旅游风景区管理局对合作土地与物资做出明确估价后再行正式磋商，双方原则上同意按投资总额中所占份额确定利润分配比例。

（4）有关宾馆选址和游乐设施布局问题，双方虽还存在一定分歧，但都表达了友好合作的愿望，具体商定于 × × 月 × × 日在 × × 市进行再次磋商。

× × 市 × × 旅游风景区管理局（盖章）　　　　　　　× × 公司（盖章）

代表：× × ×　　　　　　　　　　　　　　　　　　代表：× × ×

　　　　　　　　　　　　　　　　　　　　　× × × × 年 × × 月 × × 日于 × × 市

评 析

这份协议类备忘录就合作开发中一些尚待解决的具体问题表明了双方的立场和观点，为下一步的合作奠定了基础。

"入世"20年，中国货物贸易规模跃居世界第一

国务院新闻办公室于 2022 年 1 月 14 日，举行 2021 年全年进出口情况新闻发布会。据海关统计，我国进出口总值从 2001 年的 4.22 万亿元人民币增至 2021 年的 39.1 万亿元，年均增长 12.2%。

海关统计是我国进出口货物贸易的官方统计，见证了 20 年来我国货物贸易的跨越式发展历程。

一是进出口增长超过 8 倍，我国货物贸易规模跃居世界第一。我国货物贸易规模从 2001 年的 4.22 万亿元起步，于 2005 年、2010 年和 2018 年分别突破了 10 万亿元、20 万亿元和 30 万亿元，至 2021 年接近 40 万亿元，20 年间增长了 8.3 倍。特别是近 10 年，我国货物贸易规模从 2012 年的 24.4 万亿元增长至 39.1 万亿元，增量高达 14.7 万亿元，接近 2009 年全年的进出口规模，这充分展示了新时代我国改革开放取得的伟大成就。另外，在全球市场份额占比方面，我国也由 2001 年的 4% 大幅提升至 2021 年前三季度的 13.5%，其中 2013 年我国首次成为全球货物贸易第一大国。2021 年，我国按美元计价的外贸规模历史性首次超过 6 万亿美元。

二是出口产品结构变化显著，机电产品占比接近 60%。20 年来，我国出口年均增长 12.5%。机电产品成为最主要的出口产品，2021 年机电产品占整体出口的 59%。

三是扩大进口不断发力，高新技术、资源类产品进口稳步增长。20 年来，我国货物贸易进口年均增长 11.8%，2009 年我国成为世界第二大进口国，2021 年前三季度我国进口国际市场份额达到了 12.1%。我国更加开放的市场让世界更多分享了我国经济增长、消费繁荣带来的红利。20 年来，我国高新技术产品进口稳步上升，年均增长 14%，推动了我国产业结构的升级转型；资源类产品进口有序扩大，金属矿砂、原油、煤、天然气等资源类产品进口年均增长 18%，为国内经济稳定增长提供了有力补充。

四是贸易伙伴多元发展，东盟成为我国最大贸易伙伴。20 年来，我国在欧盟、美国、日本、韩国等传统市场有着稳固贸易地位，上述贸易伙伴 2021 年合计占我国外贸的 38.3%。与此同时，我国积极开拓东盟、非洲、拉丁美洲、俄罗斯、印度等新兴市场，与上述贸易伙伴进出口占比由 2001 年的 16% 提升至 2021 年的 30.7%。其中，2020 年东盟成为我国最大的贸易伙伴，2021 年继续以 14.5% 的占比保持我国最大贸易伙伴的地位。值得关注的是，我国与"一带一路"沿线国家贸易持续深化畅通，贸易规模不断扩大，进一步促进贸易均衡共赢发展。

五是外贸主体数量倍增，民营企业成为第一大经营主体。2021 年，我国有进出口实绩的企业达到了 56.7 万家，比 2001 年增加了 5.3 倍。20 年间，我国民营企业进出口总值占整体的比重由 2001 年的 6.1% 显著提升至 2019 年的 42.7%，成为我国第一大外贸主体，2021 年这一比重提升至 48.6%。与此同时，有进出口实绩的外商投资企业数量也进一步增加，2021 年为 8.2 万家，比 2001 年增加了 2.1 万家，企业平均年进出口规模达到了 1.7 亿元，比 2001 年增长了 3.8 倍。

六是外贸发展新动能不断被激发，外贸新业态日新月异。海关统计数据显示，2021 年我国综合保税区、自由贸易试验区、海南自由贸易港进出口分别增长了 24.3%、26.4% 和 57.7%，呈现出蓬勃发展的态势。在新兴贸易业态方面，我国跨境电商、市场采购规模迅

速扩大，2021 年我国跨境电商进出口规模达到 1.98 万亿元，增长 15%；市场采购出口增长 32.1%。

问题：

我国经济发展的伟大成就离不开大众创业、万众创新，请你谈谈如何培养自己的创新创业精神。

学以致用

1. 涉外函电的格式是什么样的？
2. 什么是备忘录？备忘录分为哪几类？
3. 备忘录的适用范围有哪些？
4. 请你根据以下材料拟写一份协议类备忘录。

中国 ×× 市玩具股份有限公司与国外 ×× 玩具制造公司就玩具加工出口合作项目，于 2022 年 10 月 26 日在 ×× 市 ×× 宾馆 8 楼会议室进行了初步磋商，达成了如下意向。

（1）×× 市玩具股份有限公司每年为 ×× 玩具制造公司加工遥控电动玩具汽车 30 万辆、电动玩具飞船 60 万艘。

（2）×× 玩具制造公司无偿提供所有玩具制造所需技术资料、设备、样品等，并提供技术人员负责产品质量标准检验与人员培养等技术工作。

（3）×× 玩具制造公司应一次性提供各类品种的原材料，并于签订正式协议后一个月内运抵 ×× 港；×× 市玩具股份有限公司应按照协议如期交货。暂定一年交货两次，具体交货时间与数量，待签订正式协议时确定。

（4）×× 玩具制造公司支付的加工费用有待双方进一步磋商，但双方一致表示应本着"互不影响、互不干涉"的原则，互惠互利。

（5）合作期间因战争、地震等人力不可抗拒因素造成的损失由双方自负；因市场不景气等非人力不可抗拒因素而发生的商品滞销，风险由 ×× 玩具制造公司承担。

参考文献

［1］苏娅 . 应用文写作 [M]. 3 版 . 北京：北京师范大学出版社，2022.

［2］胡海燕，权永红 . 应用文写作实用教程 [M]. 北京：高等教育出版社，2020.

［3］陈秀艳，陈为为，张海娟 . 职业教育应用文写作 [M]. 上海：上海交通大学出版社，2021.

［4］张蓉，王英，由丰收 . 应用文写作教程 [M]. 成都：西南交通大学出版社，2020.

［5］林红卫，李康 . 现代应用文写作 [M]. 2 版 . 北京：机械工业出版社，2021.